河南省教育科学"十三五"规划重点课题
"基于课堂教学切片诊断的 U-S 合作模式研究"的阶段性成果
课题编号:〔2020〕-JKGHZD-04

课堂教学与教师发展研究手记

刘海生 著

河南大学出版社
HENAN UNIVERSITY PRESS
·郑州·

图书在版编目(CIP)数据

课堂教学与教师发展研究手记 / 刘海生著. -- 郑州：河南大学出版社，2021.7
ISBN 978-7-5649-4797-2

Ⅰ. ①课… Ⅱ. ①刘… Ⅲ. ①课堂教学－教学研究 Ⅳ. ①G424.21

中国版本图书馆CIP数据核字(2021)第140043号

课堂教学与教师发展研究手记
KETANG JIAOXUE YU JIAOSHI FAZHAN YANJIU SHOUJI

责任编辑 王丽芳
责任校对 仝一帆
封面设计 吉宏飞

出　版	河南大学出版社
	地址：郑州市郑东新区商务外环中华大厦2401号
	邮编：450046　　电话：0371-86059701(营销部)
	网址：hupress.henu.edu.cn
排　版	河南圭川文化传播有限公司
印　刷	广东虎彩云印刷有限公司
版　次	2021年7月第1版　　印　次　2021年7月第1次印刷
开　本	710 mm×1000 mm 1/16　　印　张　16.25
字　数	242千字　　　　　　　　定　价　48.00元

(本书如有印装质量问题，请与河南大学出版社营销部联系调换)

前　言

本书是我们在校地合作项目实施过程中行走的足迹。具体有三个方面的内容：一是课堂教学研究，二是教师发展研究，三是学生成长研究。其中学生成长研究中的部分内容发表在《中国教育报》等报刊上。我们在写作过程中，没有刻意去构建完整的理论体系，也没有追求各方面内容之间严密的逻辑关系，只是记下研究的"切片"。但每个"切片"基本遵照"提出问题—分析问题—解决问题"的研究思路展开。

本书的主要特点是"原生态"地记录我们的研究过程，可以说是我们进行教育教学研究实践的"写真"，描述的是研究了什么及怎么进行的研究。我们放弃了教育研究的"科学范式"，没有用太多的"理论阐释"，没有用晦涩的"学术话语"，而是采用最为朴素的日志式写作，尽量让一线教师轻松读懂。每一个研究主题，都体现了研究目的的期盼。这些研究可能是不完美的，但却是真实的。我们认为，对研究内容和教育实践的真实记述，是教育研究的一种伦理美。我们想通过对教育研究的平实描述，让一线教师感觉到教育研究其实并不神秘，感觉到"我也可以做科研"。从而激发教师研究的兴趣与自信，最终成为研究型教师。

本书是河南省教育科学"十三五"规划2020年度重点课题"基于课堂教学切片诊断的U-S合作模式研究"（课题编号：〔2020〕-JKGHZD-04）的阶段性成果。

习近平总书记在谋篇"十四五"的时候使用了八个蕴含深意的比喻，其中两个比喻就是"从国情出发，从中国实践中来、到中国实践中去，把论文写在祖国大地上，使理论和政策创新符合中国实际、具有中国特色，不断发展中国特色社会主义政治经济学、社会学";"新时代改革开放和社会主义现代化建设的丰富实践是理论和政策研究的'富矿'"。作为教育工作者,我们要丰富教育教学实践,把论文写在教育实践中,特别要写在课堂上。本书也是这些方面的一个探索。但由于水平有限,疏漏或不妥之处在所难免,敬请专家、同仁、一线教师批评指正。在写作过程中参阅了诸多学者的论著,无论提到的还是没有提到的,在此一并向他们表示真诚的感谢。

作者

2021年6月

目 录

上篇　课堂教学研究

我们为何要走进中小学做课堂研究 …………………………………… 3
让课堂成为学生的向往 …………………………………………………… 6
课堂教学研究要心平气和 ………………………………………………… 10
无效教学的有效治理 ……………………………………………………… 13
用教育科研筑起抵御职业倦怠的"防火墙" …………………………… 16
精准分析学情亟待解决的三个问题 ……………………………………… 21
精心设计的课堂教学才有韵味 …………………………………………… 26
课堂教学主问题设计"三忌"——以语文阅读教学为例 ……………… 28
留住教学目标的"根" …………………………………………………… 32
土拨鼠的故事与教学目标的达成 ………………………………………… 40
对泰勒教学隐喻的理解 …………………………………………………… 43
这节课的导入为何成"败笔" …………………………………………… 45
有效课堂导入应具备"三性" …………………………………………… 50
如何防止情境创设"变味""走调" …………………………………… 53
课程思政是打造"金课"的一个有效切入点 …………………………… 57
线上教学要注重融入"课程思政"元素 ………………………………… 61
深化思政课程一体化建设的三个路径 …………………………………… 65

抗战故事融入课程思政的策略 ······················· 67
在教学细节中立德树人 ··························· 74
高质量教学留白应有"三度" ······················· 79
课堂教学拓展的三个指向——以中学语文课堂教学为例 ······ 83
教学"课堂生成事件"的处理原则 ···················· 85
生成是课堂教学的"点睛"之笔——冯青林老师《概率初步复习》一
　课生成事件的处理分析 ·························· 93
拖堂缘何成为"打不死的小强" ····················· 100
好作业需要精心设计 ···························· 104
作业评语要有"教育性" ·························· 107
作业评语要有"示范性" ·························· 109
线上教学作业评语要体现"个性化" ·················· 111
我们该如何评课——魏宏聚教授的评课艺术与启示 ········· 116
如何根治"说好话"式的评课 ······················ 119

中篇　教师发展研究

如何帮助新入职教师度过"水土不服"期 ··············· 125
学校要注重为新入职教师提供充分心理支持 ·············· 127
利用"关键事件"促进新教师专业成长 ················· 131
教师首次给学生上课要做好自我介绍 ·················· 133
老师,请不要再带病上课 ························· 138
"四有好老师"是新时代师德建设的标准和目标 ··········· 142
老师,请您记住学生的名字 ························ 145
老师应当拘"小节" ···························· 149
老师要有"老师的样子" ·························· 151
教师品格　细节铸就 ···························· 154
教师该不该让迟到的学生喊报告 ···················· 157

老师为什么得不到学生尊重 …………………………………… 159
教师要读懂学生"最后通牒"的意蕴 ………………………… 161
由课堂生成看教师健康 ………………………………………… 163
二十年后学生的报复给教师什么样的警示 …………………… 166
殴师"魔咒"如何破解 ………………………………………… 170
拿什么医治师生的"暴戾病" ………………………………… 175
尊师重教应从转变学校领导"官念"开始 …………………… 178
要做专业型的教师 ……………………………………………… 181
教师专业发展要练好"三用"功 ……………………………… 184
教师板书的"短板"亟待补齐 ………………………………… 188
做个好老师应从不拖堂开始 …………………………………… 191
用故事促进教师深度教学反思 ………………………………… 194
让家长群释放正能量要有三个"约定" ……………………… 200
排好小座位 需要大智慧 ……………………………………… 202
消除暑假作业代写需要"四方协同" ………………………… 204
为什么"想好的东西写不出来" ……………………………… 207
如何避免教育评论中的逻辑错误 ……………………………… 209
抓住三个关键，写好教育评论 ………………………………… 212

下篇　学生成长研究

培养有宽容美德的学生 ………………………………………… 217
增强礼仪教育实效要实现三个转变 …………………………… 219
课堂教学既要讲"理"更要讲"礼" ………………………… 221
学生为什么对母校薄情寡义 …………………………………… 223
敬畏教育何以失落 ……………………………………………… 227
"没有教不好的学生"的逻辑批评 …………………………… 234
"龟兔赛跑"的多元智能解读 ………………………………… 237

开设"游戏学"是预防青少年游戏成瘾的重要措施 …………… 240
近视是疾病　关键在防控 ……………………………………… 243
使用手机学习要把握好"度" …………………………………… 245
这个奖项设得好 ………………………………………………… 247

后记 ……………………………………………………………… 249

课堂教学研究

上篇

我们为何要走进中小学做课堂研究

长期以来，教育理论和教育实践"两张皮"、教育研究者和实践者"鸡犬之声相闻，老死不相往来"的现象普遍存在。正如魏宏聚教授所指出的：理论者的极端，站在高高的山顶上，讲一些放之四海而皆准的大道理；实践者的极端，不重视研究的方法与理论支撑，停留在问题的表层"就事论事"，这种不做前后联系、不做理论思考、不做细节挖掘的研究，最终难以为教学问题提供有效的解决方案。我们想做的是中介，做理论与实践相连结的中介。①

走进中小学做课堂研究，"做理论与实践相连结的中介"对我们有什么意义呢？

首先，可以提高我们课堂教学的质量。中小学有一句口号："向45分钟要质量。"其实高等学校的教学质量高低也取决于课堂教学。我曾想，要是把我的课堂教学情况录下来，会是一个什么样子呢？我肯定会汗颜的。课堂上学生对老师缺乏足够的尊重，有玩手机的，有发愣的，有看小说的……课堂上老师与学生"过招"，常常是"秀才遇到兵"，老师苦口婆心，学生不以为然。很多学生的名字根本叫不出来，甚至一学期认识不了几个学生，学生对老师感情淡薄。课堂互动的水平比较低，教学气氛沉闷，教学方法单调，学习效率不高……高校课堂教学质量受到普遍质疑。造成上述现象的原因很多，其中一个主要的原因就是我们的教学脱离中小学实际。我们的学生非常清楚，将来他们要做中小学教师，他们迫切想知

---

① 魏宏聚.理论与实践如何结合才会有生命力[J].教育研究与实验，2014，(2)：29.

道中小学到底什么样，未来的教师需要什么样的专业素质，怎样才能使自己成为一个合格的乃至优秀的中小学教师，怎样进行教学设计，怎样备课，怎样上课，怎样说课，怎样评课……我们只是站在理论的高地，"指点江山，激扬文字"，学生希望看到的中小学"现实图景"我们却不能展现给学生，学生不需要的我们却"奉若神明"，喋喋不休地要讲给学生，学生怎么会感兴趣？教学质量怎么会高呢？

其次，可以丰富我们的课程资源。叶圣陶先生在一首诗中写道："善读无字书，不守图书馆。"中小学课堂就是一本"无字的天书"，其中蕴含的实践知识、教育智慧需要我们倾心阅读，其中的"酸甜苦辣"足以作为我们课堂教学的"营养"。因此，我们不能把课程资源局限于文本的东西，中小学课堂的现状、中小学教师的现状等"无本课程"是我们"象牙塔"里找不到的资源，这些可以使我们的教学变得"血肉丰满"而不是"瘦骨嶙峋"，这样我们的教学可能就会受到学生的欢迎了。

再次，可以为我们提供教育研究的"真"问题。早在2002年，吴康宁教授就指出：

教育研究者所确定的"研究问题"，可从教育理论发展或教育实践改善是否迫切需要及研究者本人有无研究的欲望和热情这两个维度大致分为"异己的问题""私己的问题""炮制的问题"及"联通的问题"四种类型。一个真正"好的"研究问题，不论对教育理论发展或教育实践改善来说，还是对研究者自身发展来说，都应当是"真"问题。这至少有两层含义。一层含义是说，同研究者既有经验之间缺少任何关联的问题乃是"无根"的问题，研究者不可能对"无根"的问题做出"合情的"解答，研究者只能进行他有相应经验基础并因此而能产生必要感悟的研究。另一层含义是说，同研究者现有能力之间相去甚远的问题乃是"无望"的问题，研究者不可能对"无望"的问题做出"合理的"解答，研究者只能进行他有相应能力基础并因此而能运用必要研究方法的研究。明知无情而强为，明知无能为勉为，这就逼得研究者不得不说大话，说假话，说空话。①

---

① 吴康宁.教育研究应研究什么样的"问题"：兼谈"真"问题的判断标准[J].教育研究，2002，（11）：8

我们为什么写不出像样的研究论文？做不出像样的研究课题？原因在于：首先，不深入中小学的课堂，我们的研究问题同"既有经验之间缺少任何关联"，乃是"无根"的问题；其次，我们对研究的问题"力不能逮"，有"望洋兴叹"之感。刘铁芳教授说：凡是把自己的教育理论、方案、谋略，说得天花乱坠者皆不可信；凡动辄称"学习革命""教育革命"的革命者，皆不可信；凡动辄宣称教育真理在握，非如此不可者，皆不可信；凡把教育改革说得易如反掌者皆不可信；凡从不进教室，从不听课，从不与教师细致交谈，每到一地必大做报告的那些"学者"的高论，皆不可信。所以，提高我们的研究水平和能力，至少应当考虑两点：到中小学课堂发现"真"问题；选择力所能及的研究问题并保持研究的热情。

让课堂成为学生的向往

一、学生为什么不愿意进课堂

与学生聊天时发现,学生对课堂有三种态度:一是不敢不进课堂,二是不能不进课堂,三是不忍心不进课堂。

所谓学生不敢不进课堂,是指学生迫于教师威严,不敢不进入教室做"听课状"。表面看学生在教室里端坐,仔细观察就能发现,在教学过程中,学生面无表情,眼神呆滞,无奈、恐惧、惴惴不安,对老师的提问常常是"系统无反应",对教学的参与度很低。究其原因在于教师教学水平不高,但是管理非常严厉,能够"镇得住"学生,"管得服"学生。这种课堂态度下学生处于"要我学"的被动状态,其实他们根本不愿进教室,结果"人在教室心在外",属于"隐性逃课"。因此,学习效果很差。

所谓不能不进课堂,是指学生被教师的教学所吸引,在课堂上学有所获。其原因在于教师教学水平高,教学艺术性强,教学中或让学生产生别有洞天之感,或唤起学生的惊异与想象,或能使学生豁然开朗。这种课堂态度下,学生处于"我要学"的主动状态,课堂上学生常常面带微笑,满面春风,眼望老师,发出欢乐的光,对老师的提问深思默想,不仅有低层次的认知参与,而且有更高层次的情感参与。对教师上课产生"渴望",有学习的内驱力。因此,学生优势潜能得到发挥,能够达到老师、家长期望的很好的学习效果。

所谓不忍心不进课堂,是指学生为教师的人格所感染,感觉不进课堂对不起老师。在教学实践中，有的教师虽然没有高超的教学水平，但是却有高尚的人格。这样的教师特别能够理解学生，接纳学生，特别注重教学生做人的道理，其高尚的人格对学生具有天然的吸引力。正如俄国教育家乌申斯基所说："在教育工作中，一切都应以教师的人格为依据，因为，教育力量只能从人格的活的源泉中产生出来，任何规章制度，任何人为的机关，无论设想得如何巧妙，都不能代替教育事业中教师人格的作用。"这样的教师，学生因敬其师，而信其道。学生在学习中也会获得较好的效果。

二、怎样让课堂成为学生的向往

学生对课堂的这三种态度，实质是对教师课堂教学的态度，即不敢不听老师讲课，不能不听老师讲课，不忍心不听老师讲课。理想的学生对课堂的态度，是对教师的教学心向往之的"不能不进"课堂。那么，怎样让学生对课堂充满渴望、让课堂成为学生的向往呢？

首先，提高教师的教学水平。研究表明，教师教学水平高低，直接影响学生的学习态度、学习效果，直接影响课堂教学质量优劣。教学水平高低虽然难以具体衡量，但可以通过"好的教学"来诠释。肖川认为，"好的教学"有两个特点：深刻与真诚。"深刻"就是能使学生茅塞顿开；"真诚"就是教师的言谈举止均发自内心真实的感受，并自然表达出来。因此，教师要提高自己的教学水平，就要在"深刻"与"真诚"上下工夫。而教学要做到"深刻"与"真诚"，一是教学目标的设定要清晰、具体、可操作、可检测，能让学生掌握本门课程的基本原理和基本理论；二是教学内容的选择与组织要融会贯通，能激发学生学习的兴趣和热情；三是教学氛围的营造要和教学方法的运用和谐，能形成学生积极的态度和价值观。[①] 为此，教师要注重教学训练，熟悉教学必需的技能；加强教学观摩，向优秀教师学习；进行教学研讨，不断改进自己的教学。

其次，提升教师的人格素养。研究表明，教师不同的人格素养，展

---

① 胡荣，陈璐.高校教师教学水平现状及提升策略[J].西安邮电学院学报，2011，(5).

现在课堂上对学生产生的吸引力也不同。而课堂吸引力的大小，关系着教学实是否产生实效性。尼采说，要提高别人，自己必须是崇高的。教师高超的教学水平固然重要，但更重要的是教师的人格魅力。因为人格要靠人格来培养。在新时代的今天，教师要提升自己的人格素养，一是要有努力进取、奋发开拓的积极品质；二是要有淡泊名利、甘于奉献的情操；三是要有尊重、理解、信任学生的师德；四是要有充满活力、乐观开朗的阳光心态。

再次，引导教师树立学生立场。学生是学习的主体，课堂要成为学生的向往，教师在教学中必须坚守学生立场。教师对学生的影响如果契合了学生的内在需求，那么教师的影响就会在学生的精神结构中呈现扩张态势；如果教师的影响完全忽视了学生的需求，只顾展现自身的教学魅力或程式化地完成自己的教育教学任务，教师的影响就难以进入学生的心理结构。[①] 因此，台湾"师铎奖"获得者李玉贵老师说："最不该教语文的其实是语文教师。因为教师的语文都很好，思考、表达能力都没有问题，脑跟嘴完全没有距离。但往往就是这些教师，很难理解7岁至12岁小孩的思维，尤其是那些学困生。"她强调，课堂教学要吸引学生，一定要"教到学生的需要处"。

最后，规范课堂教学管理。一般情况下，教师在课堂上有两种行为，一种是教学行为，一种是管理行为。笔者在近年的课堂观察中发现，教师在课堂上的这两种行为明显失衡，普遍存在重教学行为轻管理行为的现象。课堂教学管理的本质特征在于使课堂教学有序化、规范化。事实上，有效、科学、合理的课堂教学管理，不仅有助于维持良好的课堂教学秩序，而且有利于激发学生的潜能，引导学生积极学习，提高学习效率，增强教学效果，促进教学质量提高。因此，我们认为，针对两种行为明显失衡现象和当代中小学生特点，教师一定要加强课堂教学管理。[②] 一是实行

---

① 安富海，徐艳霞."我"为什么不愿意上课[J].当代教育与文化，2017，(6).

② 崔童鹿，赵江华.走出课堂教学管理的误区[J].河北师范大学学报，教育科学版，2007，(3).

课堂教学多元互动式评价管理，构建多元课堂教学质量评价体系；二是尊重学生有个性的学习方式，注重师生角色的共建和教学过程中的意义建构；三是关注学生生命成长历程，教会学生学习，促进学生自我管理；四是鼓励学生参与课堂教学管理，发挥合作管理的合力作用。

课堂教学研究要心平气和

看到别人一篇又一篇的文章发表出来，一个又一个的课题或项目获得立项，于是心潮澎湃，恨不得立马也在 C 刊上发几篇文章，立项几个国家自然或社科基金项目，于是心浮气躁，焦虑郁闷。但是，一个常识似乎是，教学研究：贵在心平气和。

一、教学研究贵在心平气和地学习

课堂教学研究实践证明：教育教学上的很多问题，都可以通过学习来解决。比如，过去我们不懂得如何科学地叙写教学目标，通过向魏宏聚教授学习，现在知道怎么写了。而且我们还把自己学习的心得讲给学生，资源共享，学生也懂得了怎么科学叙写教学目标了。苏霍姆林斯基说："教师要无限度地相信学习的力量。"的确应当如此。

但是，在教学实践中我们发现这样一种现象：越有水平的教师越不敢不学习，越敬重学习，越学越有知识，越学越有智慧，越学越清醒，越学越谦虚，于是大家认为他"神"。越没有水平的教师越不爱学习，越鄙视学习，越没有知识，"无知者无畏"，所以什么话都敢说，什么事都敢做，不管这样说、这样做是不是违背教育教学规律。在"我是为了学生好"的冠冕下，他可以体罚学生、侮辱学生……一旦"摊上大事"了，给学生造成身心伤害，要他负民事甚至刑事责任时，他才明白：都是不学习惹的祸。

教师心平气和地学习何其重要！这不仅是教师做教学研究的需要，也是教师安身立命的需要。在这个学习化的社会，不学习很快就会被淘汰。其实不仅是今天，早在2500多年前，儒家思想集大成者荀子在《劝学篇》中就大声疾呼："学不可以已！"或许是年代的久远，荀子的呼声在有些教师的耳畔越来越弱了。以至于有的教师"不学习，不合作，不研究"。针对这种现象，钟启泉先生疾呼："教师要做学习者！"

教师心平气和地学习，一个重要的途径是读书。颜之推认为，世人要见识广博而不肯读书，就像"求饱而懒营馔，欲暖而惰裁衣也"。所以他说："若能常保数百卷书，千载终不为小人也。"他还提出了一个系统的学习方法：勤学、切磋、眼学（书本知识与实践经验）。他推崇"眼学"："必须眼学，勿信耳授。"杜甫说得更明白："读书破万卷，下笔如有神。"平心而论，自己读的书恐怕千卷也没有破，"巧妇难为无米之炊"，所以就出现"下笔如有鬼"——写不出像样的东西来。"茶壶里的饺子倒不出来"其实不过是一块"遮羞布"而已。关键是，我们的"茶壶里有饺子"吗？博士们为什么能洋洋洒洒写出大作？主要因为他们比我们多读了6年书。

二、教学研究贵在心平气和地实践

实践出真知，实践长才干。"对教育实践的关注，是我们这个时代教育研究的主旋律，教育研究的实践转向已经成为众多研究者的共同旨趣……对于当代中国教育研究来说，对教育实践的研究已成为挡不住的诱惑。在一种研究中具有多少实践内涵和实践品质，似乎已成为越来越多的教育研究者对自身和他人研究成果进行评价的一种标准。"[①] "教育理论研究者如果从没有走进过课堂，没有感受过最基本的教育单元——课堂教学活动，何以称得上对教育进行过研究？"[②] 因此，真正做教学研究，做真正的教学研究，必须心平气和地实践，"进得了课堂，听得出名堂，写得出文章"。

---

① 魏宏聚，田宝宏.理论与实践如何结合才会有生命力：兼论大学与中小学校合作校本研究持久性的基本原则[J].教育研究与实验，2014，(2)：27.

② 魏宏聚.中小学教师教学技能研训[M].北京：教育科学出版社，2013.

心平气和地实践重要的是"动起来"。过往的教学研究，常常是"专家做报告，老师听报告。概念知不少，研究缺实效"。教师则是"看着感动，听着激动，回去一动不动"。老师听了专家做的报告后为什么"回去一动不动"？一是一线老师确实忙。忙备课，忙上课，忙批改作业、试卷，忙解决学生突发事件，忙班级事务处理……忙完学校的"大家"还要忙自己的"小家"。"两眼一睁，忙到熄灯"正是他们生存状态的真实写照。由于"忙"，没有时间思考、落实专家讲的好理念。一线老师"看似忙忙碌碌，实际是原地打转"。二是累。老师整天忙这忙那，怎能不累！三是懒。累了就什么也不想干。

为了打破这个"魔咒"，教育理论研究者要采用"浸入"式的、长期跟踪实践或蹲点于实践。① 但更主要的是一线教师要树立"心动不如行动，只要行动就有收获"的理念。

事实上，参与我们这次教学研究的老师已经有了不同程度的收获，他们学会了创设教学情境，学会了叙写教学目标，学会了组织合作学习……

"我在做，你在看。"动与不动的结果，在 3 年内一定可以显现。

三、教学研究贵在心平气和地写作

魏宏聚教授主张教师多写作，教学研究的写作是与自己的心灵进行学术对话，可以提升自己的学术水平，可以洗礼自己浮躁的心灵。有时我们有很多想法，但就是写不出来。恐怕原因就在于平时写得太少。因为写得少，我们"下笔如有鬼"——写出来的东西不是我们内心想写的，或者词不达意，或者文不对题，或者"博士买驴，书卷三纸，未有驴字"（颜之推）。

心平气和地写作关键是培养写作兴趣，学会分析论证，"先写出来"，再修改投稿。

---

① 魏宏聚，田宏宝. 理论与实践如何结合才会有生命力：兼论大学与中小学校合作校本研究持续性的基本原则[J]. 教育研究与实验，2014，(2)：27.

无效教学的有效治理

无效教学，"就是指在课堂教学中教师花了大量时间而未达到教学目标，学生没有得到良好的发展，'高耗低效'或'高投入低产出'甚至无效的教学现象"[①]。结合江苏郑春夫[②]老师和重庆刘启平[③]老师的研究和笔者听课的情况，可以把无效教学的表现归纳为以下几个方面。

第一，无效的讲解。教师"目中无人"，不与学生进行目光交流，不进行教学巡视，站在讲台上，昂首挺胸，滔滔不绝，自说自话，自我陶醉。

第二，无效的提问。千篇一律的提问："×××背景是什么？""原因是什么？""结果怎么样？"口头禅式的提问："对不对？""好不好？""是不是？"漫无目的的提问："你最喜欢……？""你认为课文哪些地方写得美呢？明知故问的傻提问："课文的主人翁是谁？""课文分几段？""都会不会？"启而不发的泛问："从这段话中你读到了什么？""从句子中你感悟到了什么？""他是个怎样的人？"急于求成的伪问：教师发问后，不给学生留思考时间，立刻指名让学生作答，如果这个学生回答不出来，再让另外一个学生回答，学生都回答不出来，教师自己回答。只答不评的空问：对学生的回答不进行评价，导致学生不知道回答得如何。为提

---

① 王金兰.让课堂从"无效"走向"高效"[J].甘肃教育，2017，（2）：71.
② 郑春夫.无效教学及有效治理[J].现代中小学教育，2015，（1）：32.
③ 刘启平.音乐课堂无效教学现象的反思与有效改进策略[J].中国音乐教育，2018，（8）：8-14.

问而提问的浅问：提问的问题没有难度，缺乏思维含量。

第三，无效的情境。情境创设形式化，为创设情境而创设情境，片面追求课堂气氛热闹，喧宾夺主。表面上情境气氛热烈，却缺乏实质内涵，只是将情境转变成了场景，缺乏情感内容，或者是过多地依赖多媒体，学生应接不暇，难以在大脑中留下深刻的印象的[1]创设情境随意化，不顾学生年龄特点，创设情境"跟着感觉走"；创设情境的目的错位，不是为了促进学生发展，而是为了"激发学生兴趣，吸引学生的注意力"。误认为"能够激发学生的兴趣，课堂教学就有效""课堂气氛活跃，学生获得愉悦感，课堂教学就有效"；创设的情境缺乏学科味道，导致音乐课上听不到歌声，语文课上听不到读书声，数学课上看不到运算，理化生课上看不到探究；情境创设采取"拿来主义"，依赖网络或教参中提供的单一化情境素材，不能结合教学内容或学生的生活经验创设情境。[2]

第四，无效的评价。评价过于简单，对学生的回答只是给予"对不对""好不好"等比较笼统的评价。没有给学生指出其回答好在哪里，不好在何处，更没有给学生提出改进的建议；评价一味迎合学生，无论学生回答得如何，一律是"棒棒棒，你真棒""我们给他掌声"。即使学生回答的有明显错误，也不加以纠正，更不会有针对性地指出问题症结。

治理上述无效教学的措施，就是在有效教学理念和有效教学方法的指导下，提高教学效能。[3]概括来说，就是"胸中有书""目中有人""手中有方""言中有情""活动有标""过程有趣"。

"胸中有书"就是要吃透教材、课标；"目中有人"就是了解学生学习需要，着眼于学生的"最近发展区""教到学生需要处"（李玉贵语）；"手中有方"就是选择适合学生的学习方法，创造适合学生的教育手段，

---

[1] 沈柏清.初中物理教学的情境创设策略与反思[J].湖南中学物理，2018，(3)：39-40.

[2] 赵永峰.创设初中物理教学情境存在的问题及对策[J].科技资讯 2020，(6)：164.

[3] 郑春夫.无效教学及有效治理[J].现代中小学教育，2015，(1)：32.

因为"适合的才是最好的";"言中有情"就是教学语言要充满感情,让学生从教师的语言中感受到真切的关怀和鼓励,感受到教师的尊重;"活动有标"就是所有的课堂教学活动都指向教学目标。"方向比速度更重要","教什么"比"怎样教"更重要;"过程有趣"就是教师采用多种方式激发学生学习兴趣,调动学生参与教学过程,并注重结合学科特点,让学生对所学学科产生兴趣,在学习过程中找到乐趣,对生活充满情趣,进而为其终身发展奠定人生志趣。①

---

① 刘启平.音乐课堂无效教学现象的反思与有效改进策略[J].中国音乐教育,2018,(8):8-14.

用教育科研筑起抵御职业倦怠的"防火墙"

众所周知,职业倦怠是一种情感、体力和态度的疲劳状态,这种疲劳状态具有一定的"传染性",是教师专业成长的大敌。回顾自己 30 多年来的从教之路,我也曾经困惑过,痛苦过,倦怠过,但却不曾退缩过。学生评价我是一个"老年轻的教师",同事羡慕我"对待教学、学生和生活的阳光心态",领导肯定我"总是满怀激情地投入教学工作"。我是怎样从职业倦怠的泥沼中走出来的呢?最重要的做法就是:用教育科研筑起抵御职业倦怠的"防火墙"。

一、职业倦怠对教师的危害

职业心理学研究表明,教师是职业倦怠的高发人群。教师产生职业倦怠的原因多种多样,其中最重要的原因是教师不能有效解决教育教学中的各种问题。而教师面对当前愈发复杂的教育教学对象和任务,不可避免地会遇到各种各样的问题。比如,学生方面的问题:上课不注意听讲,抄袭作业,考试舞弊,迟到,旷课,扰乱课堂纪律,嫉妒心强,孤僻不合群,缺乏自信心,抑郁逆反,沉溺于手机游戏、电视,校园欺凌,等。再如教学方面的问题:教学目标如何设计,教学情境如何创设,学生学情怎么分析,课堂提问如何有效,课堂教学如何组织,教学结构怎样合理,小组合作如何开展,教师主导作用如何发挥,学生主体地位如何落实,传统与现代技术手段如何融合,知识体系如何呈现,教学重点如何突出,教学难点如何突破，课堂教学管理如何管理，立德树人如何实现，等。

这些问题得不到有效的解决，就会降低教师对工作的满意度，影响教师的职业认同，消蚀教师的工作热情，僵化教师和领导、同事以及学生的关系，损害教师的身心健康，甚至会毁掉一个教师的"前程"：使一名优秀教师变得不思进取，工作消极，"心不在焉"，用敷衍的态度对待教学和学生。

二、教育科研何以能抵御职业倦怠

我在教育教学实践中体会到，教育科研之所以能抵御职业倦怠，主要在于它有强大的功能。如，思想上的反思功能，理论上的澄清功能，价值上的创造功能，方法上的示范功能。因此，通过教育科研，能够识别并分析教育教学成败得失的原因及结果，为教师在具体的教育情境中解决问题提供合理的选项，保证教育教学工作的科学性。记得有一次给学生上课，我提问一个学生。他站起来不仅没有回答我的问题，反而反问我："老师，你为什么提问我而不提问其他人？"面对学生的"挑战"，如何应对呢？至少有几个选项：一是把学生批一通，维护教师的尊严；二是不予理睬，让学生坐下；三是严慈相济，正告学生，老师有权利提问课堂上的每一个同学，当然，你也有权保持沉默……短暂的思考后，我选择了第三个方案。事实证明，这是一个正确的选择。下课后，学生主动找到我交流、道歉。试想，如果把学生批一通，或者不予理睬，会造成什么结果呢？很可能是师生冲突，或者是学生不把老师当回事。这两种结果，都是教师职业倦怠的诱因。而第三种选择，则加深了师生的相互理解，让教师感受到了教育成功的乐趣。

教育科研能够为教师提供教育理论指导，使教师避免盲动的实践。长期参与中小学教师培训中发现，教师缺乏理论指导的盲动实践非常普遍，所谓"无知者无畏"。盲动实践造成了工作失误，甚至造成对学生的严重伤害。于是便抱怨"现在老师越来越难当""学生越来越难管"。时间久了，不可避免地产生职业倦怠。

教育科研能够将教师的经验上升到理论层面，从中提炼出一般教育原理，形成自己理论化和系统化的话语系统，完善现有教育理论。教育科研有很强的实践性和操作性，研究方法容易被一线教师理解和采用，切实帮助老师排忧解难，解决教育教学中的各种问题。比如，通过对学生的研究，让我理解了学生的身心特点和时代特点，在教育教学中注重满足学生发展的需要，充分考虑学生的自尊，尊重学生的差异，牢记"良言一句三冬暖，恶语伤人六月寒"的古训，特别注重自己的"口德"修炼……我发现，随着对学生研究的深入，在加深自己对学生理解的同时，也赢得了学生对自己的理解。师生的相互理解形成了"教育共振"：学生"亲其师，信其道"，教师"爱其生，乐其教"。我的教学态度越来越积极，学生的学习越来越主动。现在，我把"对学生的可能性的诊断转变为不可动摇的活动方式"，深刻感受到"教学法一旦触及学生的情绪和意志领域，触及学生的精神需要，这种教学法就能发挥高度有效的作用。而如果照着教学法指示办事，做的冷冰冰、干巴巴的，缺乏激昂的热情，那是未必会有什么效果的"。

教育科研来源于教育生活，而要求又高于教育生活。对美好教育生活的追求是教育科研的灵魂。教育科研面对的是鲜活的教育生活，不仅涉及人更着眼于如何促进人的发展，不仅关注事实判断而且指向人的发展过程和前景。教育科研从问题出发，以问题解决为归宿，从中形成了思想，思想体系化为理论，理论具有描述事实、解释现象、预测趋势、改进工作等作用（曾天山）。所以，教育科研能够有效抵御职业倦怠。

三、一线教师如何开展教育科研

首先，要消除对教育科研的神秘感和恐惧心理。教育科研是一项专业性很强的工作。很多教师对教育科研有一种神秘感和恐惧心理。"教育科研是专家学者的事，中小学教师的主要任务是教学，因此教好书就行。""教育科研就是写论文做课题。"实事求是地说，我们不能用专业研究人员的"科研规范"要求自己，不能把发现具有普适性的教育规律作为教育科研的目的。一线教师开展教育科研有别于学院派的研究。最大的不同在于研究主体是一线实践者，研究方法具有操作性或可行性，研究对象是中小学教育教学的现象与实际问题，研究目的是"认识教育，完善工作，提升自我"。其真正的意蕴是"指向自身的教育实践，着眼促进教育的进步，提高自己在复杂的教育情境中机智、有效解决复杂专业问题的能力"。因此，一线教师开展教育科研要避免进行纯粹的形而上学研究，要突出研究的实践性。要从"学科体系"的研究转向"问题取向"和"价值取向"的研究，以事实为依据，以实践为标准，以解决问题为使命（曾天山）。否则，研究看似很"科学"，但由于缺乏操作性，因此无法应用到实践中。已有的成功经验表明，只有当研究直接针对现实的教育教学问题解决时，即使教师研究在理论和操作上没有什么突破，教师仍然会因为参加了研究而获得较大进步。

其次，要掌握和运用教育科研的一般逻辑和方法。比如，对于"学生上课不注意听讲"问题，我是这样进行研究的：

一是弄清楚"什么是上课注意听讲""什么是上课不注意听讲"。通过研究我发现，很多时候我们所谓的"学生上课不注意听讲"，只是"学生没有按照教师要求的方式听讲"。我专门做过一个试验，上课提问一些我认为"没有注意听讲"的同学，结果七成同学竟然回答得很好。这使我认识到：学生上课偶然的发愣，小声的自言自语，相互的会心一笑，或者一边听一边动，四处张望，手里摆弄小东西，还有的学生低着头，眼睛很少看黑板，甚至有的接一下老师的话茬等判断学生"不注意听讲"的标准，实在是很不靠谱的。明白了这一点，在发现所谓的"不注意听讲"的学生时，我就能比较理性地看待他们了，也就没有那种紧张焦虑和对这些"不注意听讲"的学生的反感了。

二是追问"学生为什么上课不注意听讲"。很多老师认为，"学生上课不注意听讲"是因为他们素质差，对老师不尊重。我通过与学生的交流发现，"学生上课不注意听讲"固然有学生方面的原因，但很多时候这不是主要原因。除了学生方面的原因外，教师对学情的了解程度和教学水平，是决定学生上课是不是注意听讲的关键因素。比如，有时候老师讲的内容，学生通过预习或其他途径早就会了，而教师对此并不了解，还在课堂上滔滔不绝地讲，学生就会听得不耐烦。（这种情况在小学生中比较普遍）这样，他们上课就可能不注意听讲了。苏联教育家马卡连柯认为，学生可以原谅教师的严厉刻板甚至吹毛求疵，但不能原谅他的不学无术。因此，当教师抱怨"学生上课不注意听讲"时，其实首先需要反思的恰恰可能是我们自己：我上课学生为什么不注意听讲？我对学生有多少了解？我对学情分析精准吗？我的教学适合学生吗？其他老师上课学生注意听讲吗？进行这样的追问不仅是在教学反思，而且是在进行教学研究。解答了这些问题，我们理解了学生，进到教室，我们就不会再一味抱怨学生"素质差""不注意听讲"，我们就会改变自己，提升自己。

三是针对问题的原因，提出解决措施。仍以"学生上课不注意听讲"为例，如果是因为学生对教师讲的内容已经会了，老师在教学中就要做些"加法"，增加一些新内容，讲点新知识，如果这时学生听了，就可以判断：这不是学生不注意听讲，只不过教师的讲课他"吃不饱"而已。对于上课坐得歪七扭八的学生，教师可以帮助他们分析一下自己听讲的姿态，在宽容和肯定的同时，引导他们做一些小的调整。比如学生总是低着头，教师可以告诉他："你若是经常抬头看看，既有利于保护眼睛和颈椎，又可以提高学习成绩，希望你试一试。"解决一个问题，我们就前进了一步，自然就有一种喜悦和成就感。

再次，持之以恒开展教育科研，把教育科研成果转化为教育教学的"生产力"。苏霍姆林斯基指出："如果教师没有学会分析事实和创造教育现象，那么那些年复一年重复发生的事情就是枯燥的、单调乏味的，就会对自己的工作失去兴趣。"中小学教师奋斗在教育教学工作的第一线，拥有第一手资料，如果勤于总结，多方反思，持之以恒开展教育科研，把教育理论和自己的工作经验结合起来，通过教育科研来提高自身教育教学理论水平，应用科研成果解决教育教学中的实际问题，就能够紧扣时代脉搏，聚焦实际问题，增加职业认同，提升职业成就感，保持昂扬的奋斗精神，牢固筑起抵御职业倦怠的"防火墙"。

精准分析学情亟待解决的三个问题

《中共中央 国务院关于深化教育教学改革全面提高义务教育质量的意见》指出："强化课堂主阵地作用，切实提高课堂教学质量""优化教学方式"；"精准分析学情"。精准分析学情不仅是教师进行教学设计的前提和关键环节，而且是教师了解学生发展起点和实现有效教学的保证。因此，精准分析学情是教师应当掌握的"起点技能"，也是教师教学设计的基本功。但是，笔者在一次教师培训中，通过对一线教师的访谈和课堂调查发现，教师还存在对"何为学情"不清楚，对"为什么要分析学情"的意义不明确，对"怎样分析学情"没方法等问题。这三个看似"不是问题""不成问题"的问题，恰恰成了教师精准分析学情的障碍。所以，精准分析学情，迫切需要解决这三个问题。

一、何为学情

"何为学情？"一线教师的答案"丰富多彩"，莫衷一是。笔者对43位初中教师的开放问卷调查发现，16位教师（占教师总数的37.21%）认为"学情就是学生学习方面的情况"；8位教师（18.60%）认为"学情就是与学生学习和生活相关的所有情况"；5位（11.63%）教师认为"学情就是当前学生的实际情况"；5位（11.63%）教师认为"学情就是学生的基本情况"；有4位（9.30%）教师认为"学情就是班级学生的整体情况"；2位（4.65%）教师认为"学情就是学生已经形成的学习能力和学习水平的综合"；1位（2.33%）教师认为"学情就是学生在学校的表现情况"；1位（2.33%）教师认为"学情就是学生在课堂上的学习情况"；1位

（2.33%）教师认为"学情就是教师的教和学生的学的综合"。

笔者研究了2009—2018年中国知网196篇"学情分析"文献，发现学界对"何为学情"的理解也是"仁者见仁，智者见智"：

学情是指学生在学习某一内容时已有的知识结构和学习时的个性差异。

学情是指学习者在某一个单位时间内或某一项学习活动中的学习状态，这里的学习者即指个体，某个学生。

学情就是和教学内容、教学目标密切相关的学生情况。

学情就是学生学习某一内容前的真实状态或学生的已有经验。

学情主要是学生的一般特征、初始能力和学习风格。

学情是学生学习情况，主要包括对学生潜在状态、潜在状态及差异状态的分析。

分析发现，学界对学情界定的合理性都能够自圆其说，但正如王春华博士所说，这些庞杂的研究态的理论分析视角并没有给一线教师指出现实可操作的明路，反而带来更多的茫然和迷惑。一方面，教师不知如何下手；另一方面，学情分析成了一个没有主线且流变的活儿，教师们普遍缺乏精准了解学生的责任感。

从目前对"学情"的界定来看，一方面定义很多，另一方面界定又不是很清晰。因此，精准分析学情，对于"何为学情"的回答亟待达成共识。这个问题不解决，学情分析就会呈现"百家争鸣"的状态，"精准学情分析"的要求也不可能落实。

为此，陈隆升博士建议在现有"学情"研究的基础上，对"学情"内涵加以整合，使笼统而抽象的"学情"内涵变得更加清晰具体。整合的基本路径是通过对"学情分析"公用框架的重建。学者曾继耕的分析框架立足于课堂教学，对分析学情具有很好的指导意义。该分析框架从学生身体状况、知识基础、学习动机、学习能力、学习风格、潜在优势方面对课堂教学中学生的个体差异变量进行了分析，建立了一个可供参考的、把握学生之间个体差异的分析框架，可以帮助我们从整体上来把握学生的差异性。

二、为何要精准分析学情

学者耿岁民认为，为什么要分析学情，或对学情分析必要性的认识，是分析学情理论与实践的基本而首要的问题。因为任何一种行为的发生，以及多大程度的发生，首先取决于对这种行为的价值判断。因此，分析学情我们同样要搞清其对我们是否有意义，有什么样的意义，这些意义有多大。笔者调查发现，43位教师中，40位教师（占93.0%）认为分析学情"有必要"，其对分析学情必要性的理由或意义如下：

"分析学情能够了解学生的学习动机，激发学生学习兴趣"；"准确分析学情才能更好地改进自己的教学"；"掌握学生需要有助于及时调整教学策略，提高教学质量"；"有助于做好班级工作，对症下药，因材施教，教好学生"；"对学生出现的问题能够及时处理，防止与学生之间出现误解"；"落实学生主体地位，优化教学设计，增加师生互动"；"提高教学效率，达成教学目标，促进师生共同进步"；"能够制定适合学生的管理方案和学习策略"；"能够改进教学方法，在'最近发展区'内教学，实现有效教学"；"有助于写出优质教案，更好地服务教学，保证教学顺利进行"；"关注每一个学生，有针对性地进行教学，提高教学效率"；"能够有针对性地备课，突出重点，突破难点，更好地进行教学设计"；"能够培养学生良好的学习习惯，提高考试成绩"；"有助于培养优秀班集体"。仅有3位教师（6.98%）分别谈到，"只要吃透教材，仍然可以把课上好，分析不分析（学情）对教学影响不大"；"学校规定教师在备课时要分析学情，所以，我们就分析了（学情）"；"教案里有'学情分析'，不写'学情分析'评不上优秀教案"。可见，绝大部分教师认为分析学情是"有必要""有意义"的。

对认为分析学情"有必要"的教师进一步调查：您备课时做过学情分析吗？结果发现，40位认为分析学情"有必要"的老师，日常教学中真正"做"学情分析的仅有9位，占22.5%；而实际没有"做"的教师有31位，占77.5%。陈隆升博士认为，分析学情是为改进教学服务的，在某种程度上我们甚至可以说"学情"是"做"出来的，是教师"做"出来的，而不是教师"想"出来的。所以，虽然大多数教师对分析学情的必要性、重要意义有较普遍的认可，但是在实际教学设计中，分析学情却存在着"坐而论道""君子动口不动手"等"只说不练"的情况，真正"做"学情分析的教师是少数，没有"做"学情分析的高达77.5%。这和冯齐林、陈隆升的研究结论是高度一致的。

解决上述问题，分析学情就要变"坐而论道"为"起而论道"，变"君子动口不动手"为"既动口又动手"，把《中共中央 国务院深化教育教学改革全面提高义务教育质量的意见》的要求落到实处。要让教师树立"分析学情"和"吃透教材"同样重要的理念，让教师每次上课前都进行"今天，你分析学情了吗"这样的追问。最好让教师在教案的扉页上记下心理学家奥苏伯尔的名言："假如让我把全部教育心理学仅仅归结为一条原理的话，那么，我将一言以蔽之：影响学习的唯一最重要的因素，就是学习者已经知道了什么。要探明这一点，并应据此进行教学。"

三、如何精准分析学情

维克托·弗鲁姆（Victor H. Vroom）的期望理论认为，一个人把某种目标的价值看得很大，估计能实现的概率也很高，那么这个目标激发动机的力量越强烈。根据这一理论，激发一线教师精准分析学情的积极性，应当从两个方面做起：

一方面，要提高教师对"分析学情"的价值认识，让教师明确"为什么要分析学情"，搞清"分析学情"的教育教学意义，即"分析学情"是教育本质的回归，"以学定教""尊重学生主体""为了学生的发展"的本体性价值的凸显，是矫治教育过度追求功利，只重分，不重人；只重任务完成，不重学生发展弊端的手段，是提升教学有效性的必然。"分析学情不是一项外在叠加的研究任务或工作要求，而是教师最基本的能力，并且应该是伴随在教师职业生涯过程的永远追求。"从某种程度上讲，对"为什么要分析学情"认识得越清晰越到位，越能为我们学情分析行为提供坚实的观念和动力支撑。

另一方面，要让教师切实掌握分析学情的方法，提高教师分析学情的能力。调查发现，35位教师未"做"学情分析的理由是：4位教师（10.0%）反映，"学校仍旧追求升学率，还是按照学生学习成绩给教师排队。为了让学生考出好成绩，只好采取'题海战''疲劳战'，'填鸭式'给学生灌输知识。"5位教师（12.5%）反映，"教案检查、听课记录检查、教学反思检查、培优检查、脱贫、创卫……别管和教师有关还是无关，让老师干就得干，这些额外的工作已经把老师累得筋疲力尽了，哪还有时间和心思分析学情！"26位教师（65.0%）说，"我们也知道分析学情很有必要，但是怎样分析？我们并不清楚。上学时没学过，培训时又不讲，书上（讲）的很玄乎，我们也看不懂，所以，干脆就不分析"。

"非不为也，实不能也。"分析学情能力的不足是造成教师不"做"学情分析的最重要原因。《易经》云："形而上者谓之道，形而下者谓之器。"诚然，真正有效的学情分析是持续动态的过程，贯穿于课前准备与预设、课中实施与评价、课后反思与重构等环节。但以笔者对一线教师的了解，在精准分析学情方面，他们最需要的是"形而下之器"。因此，当前的当务之急，是让教师切实掌握分析学情的方法，提高教师分析学情的能力。上海市静安区教育学院徐梦杰博士和曹培英副院长对静安区920篇学情分析案例中的37篇一等奖案例研究后，提出的"四知"分析模式、三维目标分析模式、综合分析模式，简便易行，且涵盖了"学情"的主要指标，可以作为分析学情的公用框架，他们提出的观察、测试、调查、实验法、材料分析、个案分析、经验梳理、访谈法等分析学情的成功方法，也可以作为精准分析学情的方法进行推广。

精心设计的课堂教学才有韵味

江苏省特级教师戴继华认为，课堂"韵味"即富有艺术性的，令人久久回味、恒久难忘的教学设计。丰富的互动生成，巧妙的过渡，有意趣的活动，都是课堂教学的"韵味"。因此，要让课堂教学有"韵味"，就应当对教学进行精心设计，特别是设计好主要的教学环节。

首先，精心设计导入。"良好的开端是成功的一半""行家一出手，就知有没有"。一节课是否优质高效，一般通过前几分钟的导入就一目了然。然而，"万事开头难"，好的导入设计需要下一番工夫。比如，某地理教师在教学《洋流对地理环境的影响》一课的导入，就让学生难以忘怀。先出示案例，澳大利亚西部沿海地区，气候应当湿润，但是这个地方却出现了海滨的沙漠，一边是海洋，一边是沙漠，奇怪吧？航海家哥伦布发现了美洲大陆，当时去过两次，第一次是1492年，从西班牙到美洲，用了37天时间；第二年又去了一次，但这次只用了20天时间！哥伦布很困惑，这次绕的距离远，但用的时间反而短！这是为什么？这节课我们将揭晓这些问题的答案。这堂课的导入，针对教学目标、教学内容设计，在最短的时间内激起了学生极大的学习兴趣，具有驱动学生求知的强烈韵味。

其次，精心设计提问。提问是师生互动的重要形式，是师生课堂交流的桥梁。学者陈佑清认为："成为有效的教师，他必须是一个有效的提问者。"但是，当前提问最大的问题是提出的"问题"质量差，缺乏思维含量，有效的提问应当围绕教学目标，启发学生思维。某教师执教《鲁提辖拳打镇关西》一课时，独辟蹊径，先让学生听《好汉歌》，然后，抓住"好汉"二字，设计了第一个问题："鲁智深能不能算一条好汉？"在此基础上，老师又提出第二个问题："你从小说所叙的故事中感到这个好汉好在哪些方面？"这个问题解决后，又提出第三个问题："鲁达是一条好汉，但他能不能算是一个英雄？"每一个问题，都激发了学生探究的韵味。通过对这三个问题的讨论，学生对小说的结构、形象特点、塑造手法及形象的意义，有了十分清晰的把握。

再次，精心设计结尾。精彩的结尾对整节课可以起到画龙点睛的作用，不仅能够紧紧吸引学生，而且还能帮助学生认知、记忆、概括、深化和升华知识，并为下节课做好准备。仅仅注重导入而忽视课的结尾，难免给人虎头蛇尾之感。好的导入和好的结尾应首尾呼应。如果结尾时导入提出的问题悬而未决，学生的积极性就会受到挫伤。所以在课堂结尾处，应再次呈现导入时提出的问题，学生可轻松解决，学以致用的同时也增添了学习的自信心和解决疑难的自豪感。

总之，进行教学设计应成为教师一种自觉的教学行为，教师每节课都要在精心设计后再实施教学，如果没有设计好最好不要走进课堂。教学"韵味"很重要，但要适度。"过刚则直，过柔则靡。"宋玉的《登徒子好色赋》中，对"东家之子"的美有一段经典地描述："增一分则长，减一分则短。着粉则太白，施朱则太赤。"如果我们的教学设计都能这样要求，就是"恰到好处"了。为了追求教学韵味，不懂得"拿捏分寸"，不管内容，只管表现自己，反而是一件让人遗憾的事。①

---

① 于林青.关于"韵味"[J].星海音乐学院学报，2014，(3)：24.

课堂教学主问题设计"三忌"
——以语文阅读教学为例

提问是阅读教学中师生对话必不可少的教学环节，对达成教学目标、启发学生思维、促进师生互动、诊断教学问题具有积极意义。很多学者对教师课堂提问进行研究发现，提问在课堂中占有很大比重，但提问普遍缺乏有效性。针对阅读教学中存在的随意发问、简单追问和习惯性碎问等问题，特级教师余映潮在借鉴钱梦龙老师相关教学设计理念基础上，提出了阅读教学主题问题设计的理念和方法。钱梦龙老师说："要尽力找到一根可以把许多知识的'散珠'串联起来的'线'，使教学过程显得'形散而神不散'，使学生对课文获得整体认识，避免串讲法肢解课文之弊。"[1] 余映潮老师把钱梦龙老师所说的"线"称之为"主问题"。由此可知，所谓的"主问题"，指的是根据文本和学生特点设计出的能"牵一发而动全身"的重要的提问或问题。[2] 阅读教学中设计出高质量的主问题，可以活跃学生思维，熏陶学生情感，启迪学生思想，激发阅读乐趣；可以概括、提炼文本内容，让整个阅读教学思路明晰，从而简化教学头绪，改变肢解课文讲到底、"碎问碎答"的弊端，达到"一问抵多问"的效果；能真正发挥教师在教学中的主导作用，让教师在教学中"有所作为"，设计更好的"精品问题"，提高课堂教学效率。实现语文阅读教学主问题设计的上述功

---

[1] 钱梦龙.语文导读法探索[M].昆明：云南人民出版社，2006：79.
[2] 余映潮.致语文教师[M].上海：华东师范大学出版社，2013：100.

能，在教学实践中阅读教学主问题设计时除了注意"十个抓住"（即抓住课文题目、抓住文本核心事件、抓住文本矛盾冲突、抓住课文中心句子、抓住作者情感变化、抓住读者立场、抓住学生思维疑点、抓住文本写作背景、抓住文本主要线索、抓住文本关键词语），还应避免以下"三忌"：

一忌脱离文本。要实现主问题的功能，教师必须潜心研读文本，准确把握文本精髓、重难点，对教学内容善做"加减法"等。这是设计高质量教学主问题的基础和前提。只有准确把握文本，主问题设计才有"生存"的基础。反之，如果脱离文本，设计的主问题就会南辕北辙；或者因教学时间限制而变成"蜻蜓点水"，结果事与愿违。就如听钢琴音乐会时听到更多的是别的乐器的声音，而真正的钢琴声却被冲淡了一样。

语文课就是语文课，而不是思想品德课、美术课或者别的什么课。语文教师要让语文课成为名符其实的语文课，就必须凸显具有语文特点的文本核心价值。比如《故宫博物院》的主问题设计，当设计者的主要目的是为了让学生明白如何才能按照空间顺序把规模宏大的经典建筑群写得井井有条，而不是着重让学生弄懂故宫博物院的特征和文章中所蕴含的褒贬感情时，他就抓住了文本的语文核心价值。[①]

二忌无视学生。在设计主问题前，教师要充分了解学生已知的是什么，主要的疑问是什么，如何才能让学生敢于质疑、善于质疑。因为学生是主问题的解读者，他们的已有知识和学习能力都影响其对问题的解读。因此，设计主问题应结合学生的生活体验，并将这种体验带到阅读中，在分析、比较、归纳的基础上，使学生更深入地走进文本，与作者情感产生共鸣。反之，设计的主问题难度过高、过低或过于宽泛都会削弱主问题作用的发挥，直接影响教学效果。

主问题的设计者也不一定只是教师，教师不要充当问题设计和实施的"霸权者"。教师要与学生"共生共长"，没必要让学生硬生生地围绕自己精心设计的问题打转。最好把主问题抛给学生设计，问题从学生中来，教

[①] 吴光明.略谈语文课堂教学主问题设计的三个误区[J].福建教育学院学报，2016，(6)：23-24.

学就有很强的针对性，能形成开放而有活力的语文课堂，提高课堂教学效率。不少教师让学生在预习的时候将自己存有的主要疑问写在预习本上上交，然后对学生的疑问进行归纳分类，为设计主问题收集第一手学情资料。还有一些教师，在讲完一篇文章后，让学生再提主要疑问，从而形成新的主问题，与同学一起切磋，达到"温故而知新"的良好效果。如果教师能让学生成为主问题设计的常客，不仅能提高学生提问题的能力，还能解决因不了解学情而无法"激趣"的问题，何乐而不为呢？[①]

以人教版六年级下册《北京的春节》为例。这是著名语言大师老舍先生所写的描绘北京春节独具特色的风俗习惯的一篇散文。它以时间为经线，以人们的活动为纬线来布局全文。教师可以根据学生心理特点，设计这样一个主问题："读了课文，你认为北京的春节真＿＿＿＿啊！"这一主问题的设计，鼓励学生在研读的基础上，大胆写出自己对北京春节的感受。交流时，学生对北京春节特点的感知也是不一样的。有的说："北京的春节真忙碌，因为人们要做的事情很多。"有的说："北京的春节真甜美，因为可以吃到色味双美的腊八蒜。"有的说："北京的春节真快乐，因为小孩可以吃各种零食，买各种玩具。"有的说："北京的春节真热闹，因为人们可以放爆竹烟花，元宵节还张灯结彩、举办灯会。"还有的说："北京的春节真团圆，因为人们在除夕这天都要回来吃团圆饭。"学生说什么感受，教师便在黑板上"人们的活动"的边上板书相应的词语。最后，再引导学生对北京春节的特点进行梳理与归纳，提炼到"隆重""热闹"的层面，从而使学生对民俗文化的丰富内涵有更深刻的理解。[②]

三忌缺乏梯度。学生的认识规律是由浅入深、由表及里的，主问题设计也应据此巧设思维梯度，从而自然而然地将学生思维不断引向深入。[③]

[①] 吴光明.略谈语文课堂教学主问题设计的三个误区[J].福建教育学院学报，2016，(06)：23-24.

[②] 石淑锦.小学散文教学主问题设计的"六入手"探讨[J].教育与教学研究，2018，(06)：89.

[③] 吴光明.略谈语文课堂教学主问题设计的三个误区[J].福建教育学院学报，2016，(06)：23-24.

"主问题"是对教学有牵引和控制作用的问题,通常是以问题群的形式出现,推动教学的进程。因此,在设计"主问题"时应该有一定的梯度。当前,阅读教学主问题设计的问题之一就是所设计的主问题没有内在的逻辑关系,不符合学生的认知规律,主要原因就是主问题设计缺乏梯度。主问题设计最好先从整体感知入手,然后着眼于关键内容的局部品味,最后进行拓展延伸。一是"主问题"之间有梯度,一节课中几个"主问题",要兼顾知识点的逻辑关系和学生的认知规律,做到先易后难,层层推进。二是"主问题"和细节问题的梯度。"主问题"通常是纲领性问题,它的解决必须以大量细节问题的解决为前提,教师在设计"主问题"时应该合理安排好"主问题"和细节问题的梯度,推想学生可能呈现的应答,梳理这些应答,并以此为起点设计提问,如此循环往复,形成具有较强逻辑性的问题链,实现"主问题"的功能。

李蓓老师在执教《藤野先生》一课时,设置了两个层进式问题:1.通过作者与藤野先生交往的四件事概括藤野先生的品质特点。2.在与先生的交往中,一定发生了很多事,作者为何就选取了课文中的四件事呢?第一个问题是训练学生从具体事件中自己进行概括的能力,第二个问题是让学生理解如何选择典型材料来凸显主旨。这样通过层进式的问题,给学生一个思考的深度和广度,由浅入深,最终获得整体性知识。[①]

---

① 李蓓.初中语文阅读教学中主问题设计的实践和思考[D].上海:上海师范大学,2013:39.

留住教学目标的"根"

教学目标是预期的学生学习的结果。教学目标具体而精确地表达了教学过程结束时教师和学生共同完成的教学任务。教学目标是教学的灵魂，不仅是一个"不该遗忘的教学起点"，[①] 而且是一个"不该遗忘的教学终点"，一句话，是"一个应该牢记的起点与终点"。[②] 正如布鲁姆所说："假如我们不知道这节课让学生干什么，我们就不要走上讲台！"但是，在具体的教学实践中，教学目标"流失"的现象还普遍存在。所谓教学目标流失，是指需要预设教学目标而教师没有预设，或者教师预设了教学目标，但是在教学过程中没有达成的现象。我们试对新课程三维目标不同程度流失的原因进行分析，以期能够预防教学目标流失，留住教学目标的"根"。

一、对新课程教学目标的理解

新课程的三维目标即"知识与技能""过程与方法""情感、态度与价值观"。三维目标的提出对改变以往课程过于注重知识传授的倾向，强调形成积极主动的学习态度，使学生学会学习和形成正确价值观有着积极的作用。但是，三维目标的内涵表面上表述得清晰、具体，推敲起来，却是内涵交叉、外延纠缠，在实践中难以分清。因此，我们对新课程教学目

[①] 崔允漷.教学目标：不该被遗忘的教学起点[J].人民教育，2004，(Z2)：16-18.

[②] 魏宏聚.新课程三维目标在实践中遭遇的尴尬与归因：兼对三维目标关系的再解读[J].中国教育学刊，2011，(05)：36.

标的理解，就是魏宏聚教授关于新课程的三维目标的主张，即知识目标、方法目标、情感目标。

二、新课程教学目标流失的原因

毋庸置疑，三维目标要靠一线教师在课堂教学中落实，但课程改革实施十多年来，一线教师对三维目标的评价及其实践效果却不理想。很多教师说："说实话，我们不懂三维目标，你们要检查，只好应付。"[①] 这样，三维目标就成了一线教师"看起来很美"的东西，具体落实时常常如"落花流水"。新课程三维目标不同程度流失，根本原因是教师在教学中缺乏"两种意识"，即制订目标时的达成意识和达成活动时的目标意识。

所谓制订教学目标时的达成意识，是指教师在制订教学目标时，应预设好将要达成目标的相应教学活动，应有强烈的达成目标的意识。如果写不出相应的达成教学目标的活动，就要思考这个目标制订的必要性、可行性以及是否是大而空的。缺乏教学目标时的达成意识，可能会在预设教学目标时遗漏本该预设的目标而导致该目标的流失。比如，某教师在教学"Family"一课时，设计了三个教学目标：1.通过单词游戏，能够记住新单词；2.通过听说练习，能够掌握（使用）对人物提问和问答的基本句型；3.通过巩固训练，能够综合运用（灵活应用）所学知识介绍他人。

"Family"是每个人的温馨港湾，这里可不可以设计"情感目标"呢？显然是完全可以的。比如，教学目标4——通过观看"FAMILY"视频，培养学生的家庭亲情感。这样的设计，在学生掌握了介绍家人的句型结构后，设计"FAMILY"这一内容，恰当自然，对教学内容是一个升华，是英语课堂教学人文性的体现。

所谓达成活动时的目标意识，是指在教学活动时，教师心中时刻铭记该教学活动的目标是什么，所有的行为都应指向这一目标，这样才能聚焦与有效达成目标。

---

① 魏宏聚.新课程三维目标在实践中遭遇的尴尬与归因：兼对三维目标关系的再解读[J].中国教育学刊，2011，(05)：36.

教师在教学中缺乏这两种意识，是三维目标不同程度流失的根本原因。具体来说，三维目标不同程度流失有以下原因：

（一）爱你在心口难开：知识目标不敢讲

新课程具体目标首先提出要改变课程的功能："改变课程过于注重知识传授的倾向，强调形成积极主动的学习态度，使获得基础知识与基本技能的过程同时成为学会学习和形成正确价值观的过程。"课程改革之前，教学中确实存在"过于注重知识传授的倾向"，甚至教学变成了"传授知识"——传授和考试有关的知识。只要考试考这个方面的知识，老师就认真讲，拼命讲；如果考试不考这个方面的知识，哪怕对学生发展再有用，老师也不讲。针对这种倾向，新课程提出"改变课程过于注重知识传授的倾向"是有针对性的。但是，实施新课程改革后，一些老师在教学中不敢讲知识目标，唯恐别人说自己"过于注重知识传授"，比如语文课，"几乎都是课文的阅读理解，注重的都是阅读能力培养"。公开课很少有语文老师敢就课文中的字、词、句等基础知识进行教学，古诗文中的词语、句子也多会让学生"合作学习"来解决。[①] 公开课教学不讲基础知识似乎成了一个潮流，这对一线教师产生了很大的误导，使他们在教学中对本应实现的知识目标不敢讲，从而导致教学中知识目标的流失。

（二）君子动口不动手：方法目标不愿做

新课程的功能之一是："强调形成积极主动的学习态度，使获得基础知识与基本技能的过程同时成为学会学习的过程。""针对传统的教学不重视方法性知识传授的特点而言，以方法作为教学目标具有重要的积极意义。"[②] 一般情况下，教学中方法目标的达成需要以"活动"做"抓手"。而教学中的"活动"需要老师去设计。笔者走访过一些中小学老师，他们认为设计活动"劳心费神"但又"未必能让领导认可，未必能取得好的效果"。"万一领导听课时活动弄砸了，领导会怎么评价我？所以，多一事

---

① 代保民,丁雪梅.语文课,我们正失去什么[N].中国教育报,2005-9-15-12.

② 魏宏聚.新课程三维目标在实践中遭遇的尴尬与归因：兼对三维目标关系的再解读[J].中国教育学刊,2011,(05)：38.

不如少一事。虽然无功,但也不会出大错。"在这种心理的支配下,对于教学中的方法目标,一些老师常常采取"君子动口不动手"做法,只说不做,使方法目标在教学中付诸东流。

(三) 糊涂的爱:情感目标不会写

"情感态度与价值观目标的提出是这次新课程改革的一个亮点,也是一个较大胆的创新。但从内涵角度判断,情感态度与价值观这一维目标的表述相对混乱……态度与情感、态度与价值观之间的关系较为模糊。于是,具体到一节课的教学内容,一线教师只能宏观笼统地描述教学目标,教师对这一内涵交叉的概念是一头雾水,无法通过一定的教学内容确定究竟要达到什么样的教学目标。"情感目标不会写,于是在教案中干脆不写。不是一线教师不知道情感目标的重要性和必要性,而是他们不知道如何叙写这类目标。因此,课堂落实情感目标,也许只是"水中望月""画饼充饥",不过是停留在理想与理论的分析上而已。"皮之不存,毛将焉附?"情感目标不会写,更遑论去实现它了。

三、留住教学目标的"根":预防教学目标流失的建议

留住教学目标的"根",预防新课程三维目标的流失,根本的是应当树立"两种意识",使教学目标成为"不该忘却的记忆"。"两种意识"就是上述制订教学目标时的达成意识和达成活动时的目标意识。

制订教学目标时的达成意识可以通过教学目标如下的叙写结构来实现:教学目标 = 教学设计活动(过程与方法)+ 任务(知识、能力与情感目标)。更有效预防教学目标流失的措施是课前认真填写《教学设计简表》,把"课标关于本节课的教学要求""本节课预设的目标""达成目标的活动"进行比照。比如,某中学 W 老师《事物的正确答案不只一个》课堂设计的教学目标有"学习议论文由具体问题引发议论的写法,认识创造性思维在实际生活中的重大意义",教学目标只有"任务"而没有"达成目标的活动",就可能造成方法目标的流失。

达成活动时的目标意识,需要经过一定的培训,更需要教师本人有达成活动时的敏感和自觉,教师在教学中要时刻铭记该活动的目标是什么。

比如，两个物理老师执教《超重与失重》，设计的教学目标都有"通过观看有关杨利伟在太空的视频片段，激发学生爱国、爱科学的热情"。字幕上有这样一句话——杨利伟情不自禁地写道：为了人类的和平与进步，中国人来到了太空。在具体实施教学目标过程中，视频结束后，刘教师引导：看了这段视频，除了惊奇外，还有自豪吧！万老师则总结：在太空失重的状态下，确实是一种很不舒服的感觉，包吃东西、喝水啊都特别不方便。为什么刘老师能够很好地达成了教学目标？一个主要原因在于他清楚"通过观看有关杨利伟在太空的视频片段"这个教学活动的目标是"激发学生爱国、爱科学的热情"，所以在这个活动中他不忘这个目标，也就能够很好地达成这个目标。而万老师虽然预设了"通过观看有关杨利伟在太空的视频片段，激发学生爱国、爱科学的热情"的目标，但在教学中对情感这一目标的关注却"半途而废"，于是这一目标遂"付诸东流"。

留住教学目标的"根"，预防新课程三维目标的流失，具体到预防每一维目标的流失，可以考虑如下几点：

（一）知识目标：大胆前行

《基础教育课程改革纲要(试行)》（下称《纲要》）指出："改变课程过于注重知识传授的倾向，强调形成积极主动的学习态度，使获得基础知识与基本技能的过程同时成为学会学习和形成正确价值观的过程。""改变课程内容'难、繁、偏、旧'和过于注重书本知识的现状，加强课程内容与学生生活以及现代社会和科技发展的联系，关注学生的学习兴趣和经验，精选终身学习必备的基础知识和技能。"由此可见，新课程不是不要"基础知识与基本技能"，而是反对"过于注重知识传授的倾向"和"过于注重书本知识的现状"，要求"使获得基础知识与基本技能的过程同时成为学会学习和形成正确价值观的过程"。"精选终身学习必备的基础知识和技能"。为什么《纲要》提醒我们实施新课程要"获得基础知识与基本技能""精选终身学习必备的基础知识和技能"？这是因为，"在现实的教学中，相对于其他二维目标如过程与方法、情感态度与价值观而言，知识与技能目标往往是显性的，在各科教学目标中所占的比重最大，且是最易评价的对象，所以它常常成为教师课堂教学目标达成的'抓手'。教师一般以知识与技能目标的实现为主,穿插实现其他二维目标,这样做既合情也合理。但我们深受教学中'重视知识,填鸭式教学之痛',生怕别人批评自己只重视知识的传授而忽视其他二维目标,以至于不敢表达这一'抓手'。实际上,这完全没有必要。一方面,重视知识技能是应该的,因为在所有的教学目标中,知识与技能目标所占的比重最大;另一方面,我们的评价方式特别是考试,其主要的评价内容仍是知识与技能目标,以这一目标作为教学抓手是情理之中的事"[1]。

(二)方法目标:基于活动

教学活动是方法目标的载体,方法目标要在活动中落实。预防方法目标的流失,要精心设计"达成目标的活动"。可以从"活动内容或主题""活动组织形式简述""试图达成何种预设目标"三个维度来设计"达成目标的活动"。"达成目标的活动"不仅是写在纸上,更要体现在教学中,在教学中展示"达成目标的活动"。F老师上的《概率初步复习》一课,设计的一个教学目标是"通过'活动练习',能够用列举法计算简单事件的发生概率,通过'重复试验',用事件发生的频率估计概率"。虽然有"达成目标的活动",但是,在教学现场,我们们没有看到该教师执教时的"活动练习"和"重复试验"。

F老师只是设计了几道习题:

问题1

(1)小明的讲义夹里放了大小相同的试卷共12页,其中语文4页、数学2页、英语6页,他随机从讲义夹中抽出1页,抽出的试卷恰好是数学试卷的概率为____。

(2)在一个不透明的摇奖箱内装有20个形状、大小、质地等完全相同的小球,其中只有5个球标有中奖标志,则随机抽取一个小球中奖的概率是____。

(3)如图是一个被等分成6个扇形,可自由转动的转盘。转动转盘,

---

[1] 魏宏聚.新课程三维目标在实践中遭遇的尴尬与归因:兼对三维目标关系的再解读[J].中国教育学刊,2011,(05):38.

当转盘停止后,指针指向浅灰色区域的概率是 _____。

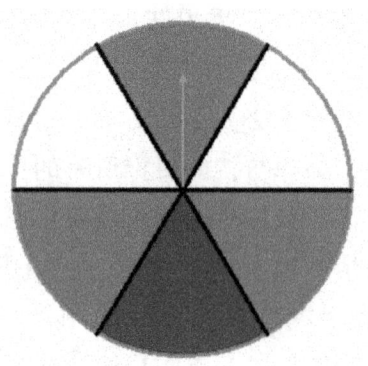

问题 2

(1) 如下图所示,4 张质地相同的卡片,将卡片洗匀后,背面朝上放在桌面上。

①求随机抽取一张卡片,恰好得到数字 2 的概率;②小贝和小晶想用这 4 张卡片做游戏,游戏规则见信息图。你认为这个游戏公平吗?请用列表法或画树状图法说明理由,若认为不公平,请你修改规则,使游戏变得公平。

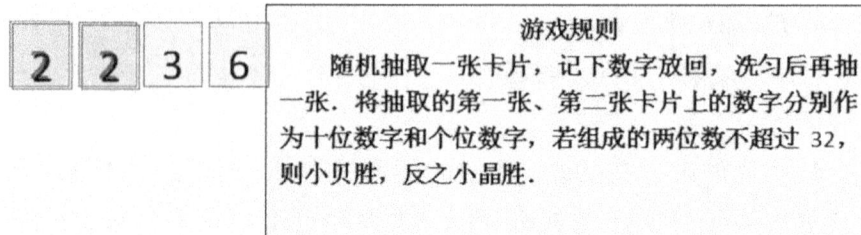

为什么会出现这样的情况呢?课后和该教师交流时,问 F 老师为什么不让学生做一下"自由转动的转盘"和"随机抽取一张卡片"的活动,他说:"如果是新授课,就会让学生做一下这些活动,因为是复习课,再加上有点紧张,也就忘了该活动的目标是什么。"这样相应的"方法"目标也不可能落实。实际上,这还是由于缺少"达成活动时的目标意识"而造成的目标流失。

（三）情感目标：学会表达

一线教师不会表达情感目标主要表现为：①过于笼统，陈述内容过于宽泛，没有紧扣教学内容。如，某教师教学高中语文《古代汉语实词活用例说》预设的情感教学目标是："感受古代文言的语言魅力。"对比教学目标＝教学设计活动（过程与方法）＋任务（知识、能力与情感目标）的叙写结构可以发现，这个情感教学目标的表达存在的问题是：第一，只有"任务——感受古代文言的语言魅力"，缺乏"达成目标的活动——怎样感受"；第二，"感受古代文言的语言魅力"太笼统，因为古代语言有多种魅力，比如韵律美、对仗美、简洁美、以形表意美……这节课只是要学生体会"实词活用"这一魅力。②流于形式，用描述内部心理的词语陈述情感目标。比如"体会爱国爱乡的高尚情怀"，只描述了"教师该做的事"，没有描述通过何种方式来达到，无法知道通过教学学生是否有"爱国爱乡的"体会。

学会表达情感目标，在学会"设计活动＋任务"的叙写结构的基础上，可以把学科课程标准中关于情感目标的行为动词写在教案的扉页，以便在叙写情感目标时及时参考。

注：

①河南大学教育科学学院魏宏聚教授认为，依照当前认知理论的最新成果和布鲁姆的目标分类学，作为教学目标的能力实际上是知识的一种，没有必要单独列出。方法作为教学目标是可以理解的，因为从知识的分类角度来看，方法属于程序性知识，可以成为学生学习的结果，作为目标是没有任何问题的。但把过程作为教学目标是不可理解的。从内涵判断，态度与价值观目标分别属于情感接受程度的不同表现，应从属于情感目标，称为情感目标较为合适。

②《教学设计简表》是魏宏聚教授开创性地设计的类似于导学案的简表。该表要求教师上课之前填写，表中的主要内容有：课标关于本节课的教学要求、本节课预设目标、达成目标的活动。该表能够有效保证科学陈述教学目标。

土拨鼠的故事与教学目标的达成

上初中时,老师给我们讲了一个故事:有三只猎狗追一只土拨鼠,土拨鼠钻进了一个树洞。这个树洞只有一个出口,可不一会儿,居然从树洞里钻出一只兔子,兔子飞快地向前跑,并爬上另一棵大树。兔子在树上,仓皇中没站稳,摔了下来,砸晕了正仰头看的三只猎狗,最后,兔子终于逃脱了。

故事讲完后,老师问:"这个故事有什么问题吗?"

我们说:"兔子不会爬树。"

"还有呢?"

"一只兔子不可能同时砸晕三只猎狗。"

"还有呢?"

老师继续问。

直到我们再也找不出问题了,老师才说:"可是还有一个问题,你们都没有提到,土拨鼠哪儿去了?"

土拨鼠哪儿去了?老师的一句话,一下子将我们的思路拉到猎狗追寻的目标上——土拨鼠。因为兔子的突然冒出,让我们的思路在不知不觉中被打乱,土拨鼠竟在我们头脑中自然消失。

在追求人生目标的过程中,我们有时也会被途中的细枝末节和一些毫无意义的琐事分散了精力,扰乱了视线,以至于中途停顿下来,或是走上岔路,而放弃了自己原先追求的目标。

不要忘了时刻提醒自己,土拨鼠哪儿去了?自己心中的目标哪儿去了？

　　这个小段子让我们不由自主地想起教学目标。在教学中，有时预设目标是"追一只土拨鼠"，但是由于"兔子的突然冒出"，使我们的教学"跑偏"，"土拨鼠竟在我们头脑中自然消失"了。

　　我们看以下案例①：

　　两个物理老师执教高中物理《超重与失重》，进行的是同课异构。他们用的PPT以及设计的教学目标都相同。其中"教学目标4"都是"通过观看有关杨利伟在太空的视频片段，激发学生爱国、爱科学的热情"。视频视频结束时有杨利伟在太空失重状态下吃太空食品的情境，字幕上有这样一句话："杨利伟情不自禁地写道：为了人类的和平与进步，中国人来到了太空。"

　　视频结束后，在达成教学目标过程中，L教师紧紧盯住"激发学生爱国、爱科学的热情"这只"土拨鼠"引导学生："看了这段视频，除了惊奇以外，我们还有自豪吧！"这虽然是很普通的一句话，但是却起到了"四两拨千斤"的作用，很好地达成了教学目标，使"激发学生爱国、爱科学的热情"的教学目标落到实处。

　　而W老师则可能由于受"杨利伟在太空失重状态下吃太空食品的情境"这个"突然冒出的兔子"的影响，忘记了原本应当追击的"激发学生爱国、爱科学的热情"这只"土拨鼠"，所以W老师的教学目标和原本应该达成"激发学生爱国、爱科学的热情"的目标发生了偏离，因此他做了如下总结："在太空失重的状态下，确实是一种很不舒服的感觉，包括吃东西、喝水啊都特别不方便。"不难想象，W老师的这个总结是不可能"激发学生爱国、爱科学的热情"的，只能让学生获得一种知识："在太空失重的状态下感觉很不舒服，吃东西、喝水等活动特别不方便。"

　　为什么L老师能够很好地达成"激发学生爱国、爱科学的热情"这个教学目标？一个主要原因在于他始终牢记"通过观看有关杨利伟在太空的视频片段"这个教学活动是干什么的，他清楚的知道设计"观看有关杨利

---

① 该案例是魏宏聚教授于2014年6月12日在郑州市某高中课堂观察中获取的。

伟在太空的视频片段"这个教学活动是为了达成或实现"激发学生爱国、爱科学的热情"这个教学目标，而不是为了让学生知道"在太空失重的状态下，确实是一种很不舒服的感觉，包括吃东西、喝水啊都特别不方便"。

所以，防止预设的教学目标流失，教师在教学活动中要有目标意识。所谓教学活动中的目标意识，就是指"教师对教学目标的敏感性和自觉程度，表现在具体的教学活动中，是指教师心中应时刻铭记每一活动的目标是什么，所有的言语、行为都应指向这一目标"①。在教学过程中，要达成预设的教学目标，教学活动中必须有清晰的教学目标意识。教师在开展的每一个教学活动中，都要自问以下问题："到底为什么要开展这个活动？""不进行这个活动行不行？""开展这个活动要达到的目标是什么？"

比如W老师，如果在课前备课时思考："为什么要让学生观看有关杨利伟在太空的视频片段？""让学生观看杨利伟在太空的视频片段是为了让学生知道'在太空失重的状态下，确实是一种很不舒服的感觉，包括吃东西、喝水啊都特别不方便'，还是为了'激发学生爱国、爱科学的热情'？"进行这样的追问，相应的教学目标就不会"付诸东流"了。

教学活动中目标意识的形成，需要长期的、针对性的培训和实践。备课后填写《高效课堂评价表》②，是培养教学活动中目标意识的有效途径。该表中的主要内容有："课标关于本节课的教学要求""本节课预设目标""达成目标的活动"。实施教学设计之前，斟酌该表中"本节课预设目标""达成目标的活动"二者的呼应关系，能够有效提醒老师在教学活动中始终牢记教学目标。

---

① 魏宏聚.论教学目标预设与达成活动中的两类意识[J].教育科学研究，2016，(05)：12.

② 《高效课堂评价表》为河南大学魏宏聚教授设计。

对泰勒教学隐喻的理解

泰勒把教学活动比作一次旅行:"我们要到哪里去(教学目标),我们如何到那里去(教学设计),我们如何让学生在恰当、理想的环境中到那里(教学氛围),我们如何知道已经到了那里(教学评价)。"

这个比喻非常形象。我们是否可以这样理解,教学活动像一次旅行:老师是导游,学生是旅行者。导游的作用是引导、帮助和服务;"我们要到哪里去(教学目标:预期的学生学习的结果,即教学过程结束时学生应当达到的教学效果的具体表述)"则需要和旅行者商量,由旅行者决定。

旅行者要看的景点,类似于知识技能目标,选择的旅行路线和交通工具类似于过程和方法目标;看到景点后的心情、体验、感慨、褒贬等类似于情感态度价值观目标。就像旅行不可以没有景点,教学也不能没有知识、技能目标;就像到达景点必须选择路线和交通工具,教学也要有过程、方法目标。至于看到景点后有无反应,则和景点是否有吸引人的地方及导游的讲解有关。就像有的教学内容可以没有情感态度价值观目标。

在旅行的过程中,可能发生一些不愉快甚至是交通事故的事情,类似于教师不能很好处理生成事件。导游不是引导旅行者有效安全到达景点,而是"节外生枝",类似于教学目标流失。导游的"强买强卖",类似于教师主宰课堂的"一言堂""满堂灌"。有时,到达景点后旅行者产生"看景不如听景"的感觉,则可能是导游没有讲清楚景点的妙处,类似于设置的情感目标教师没有达成。

总之,泰勒把教学活动比作旅行的隐喻,对我们正确理解和实施教学目标提供了很好的启示：旅行主要看景点，教学主要看知识、技能目标的预设；旅行到达景点要选择道路和交通工具，教学要预设过程、方法目标。一般的，看到景点后人都会有这样那样的反应，这取决于具体的景点是否有吸引人的地方和导游的讲解水平。就像一般的教学内容都有情感态度价值观目标，关键是我们是否进行了挖掘。比如，小学数学"元、角、分的认识""时间的认识"等教学内容，似乎没有价值观教育的元素，但是，有的老师在"元、角、分的认识"的教学时设计了这样一道练习题：我们学校有3600名同学，假如我们每人每天节约1分钱，我们每天可以节约多少钱？假如我们每人每天节约1角钱，我们每天可以节约多少钱？假如我们每人每天节约1元钱，我们每天可以节约多少钱？

学生算出结果后，老师给他们看如下图片。

然后，老师动情地说：同学们，假如我们把每天节约下来的钱送给贫困山区的孩子，可以解决他们多少生活和学习上的困难！

这样的设计，就很好地培养了城市孩子的节约意识、同情心。

对于"时间的认识"的教学，我们也可以进行类似的设计，培养孩子珍惜时间的观念。

我们确实有必要记住这个隐喻。

这节课的导入为何成"败笔"

一位教师执教八年级社会与历史中的《物质生活与习俗的变迁》一课，师生问好后进行如下课堂导入。

《社会生活的变迁》的导入实录：

教师：下面老师请大家观看一段小品，然后请大家思考从小品中感受到了什么？（屏幕呈现课题——第五单元：中国近现代社会生活的变迁第十四课《物质生活与习俗的变迁》。接着老师用多媒体播放赵本山、宋丹丹、崔永元表演的小品《昨天今天和明天》，台词略。）

（播放这个小品用了4分钟的时间）

好的课堂导入应当能激发学生的学习兴趣，但是，能激发学生学习兴趣的课堂导入是否就一定好？从教学现场我们看到，这两节课的导入确实激发起了学生的学习兴趣，尤其是《物质生活与习俗的变迁》导入，看小品时课堂气氛非常"火爆"，学生的笑声、掌声不断，兴趣高昂。但是，这两节课的导入对教学起到的作用是什么呢？

教学的基本逻辑是在教师的引导下，学生主动学习知识，从而促进学生的发展。因此，注重新课开始的导入设计无疑是正确的。因为它凝聚学生注意力，激发学生的学习兴趣，建立其与新知的联系，引起认知冲突。但分析这节课的导入我们不难发现，《物质生活与习俗的变迁》一课的导入设计非但没有实现上述教学功能，反而在导入的方向上背离了导入功能的要求：导入中的小品实为画蛇添足，舍近求远，学生虽然对这个小品感兴趣，但是，由于这个小品和将要学习的内容并无关联，这个小品能让学生感受到"人民的生活发生了翻天覆地的变化"吗？学生不知道老师"葫芦里卖的什么药"，所以，在接下来的学习中兴趣骤减。

在教学现场观察到，当播放完小品时，老师提出"大家在笑声中把小品看完了，大家在小品中感受到了什么呢"这一问题后，课堂一下子静了下来，学生或面面相觑，或低头不语，或左顾右盼，现场的气氛和刚才看小品时的欢声笑语形成了鲜明对比。

教师看到课堂的这种情况，愣了一下，自问自答，直接切入教学内容：

从这个小品中我们感受到了什么呢？我们感受到了中国人民的生活水平在逐渐地提高。中国进入近代以来，人民的生活发生了翻天覆地的变化，那么，我们的衣、食、住以及生活习俗等各个方面发生了怎样的变迁呢？今天，我们就一起来学习第十四课《物质生活与习俗的变迁》。

显然，这节课的导入是课堂教学的"败笔"。这节课的导入何以成了"败笔"呢？主要原因在于：

第一，教师对课堂导入功能理解存在偏差，刻意追求时尚和新潮。导入时过于注重激趣、求乐作用，忽视导入指向作用；过于注重导入置信作用，忽视导入铺垫作用；过于注重通过导入形成认知冲突的作用，忽视课堂导入在新旧知识连接中的作用；过于注重导入选材的新颖性，忽视所选材料与教学目标的关联性。

第二，教师教学经验不足，对导入技能策略了解不够。不能很好地判断在什么情况下该使用切合实际的导入方法，认为某一导入方法好，就反复使用，而不考虑教学内容和教学对象的差异；不能灵活运用，导致导入冗长拖沓、千篇一律，因此达不到预期的教学效果。在听评课中我们发现，教师最青睐情境导入。的确，正如洛扎诺夫指出的："我们是被我们生活的环境教学和教育的，也是为了它才受教学和教育的。"[1] 但是，在《物质生活与习俗的变迁》一课的导入中，由于设计的情境冗长拖沓、脱离教学内容，所以学生往往很难进入教师希望的情境中。

---

[1] 陈玖玲.小学数学课堂导入中存在的问题及对策研究[D].长沙：湖南师范大学，2016：25.

第三，教师对学情分析不够，脱离学生实际。追求教学环节完美，偏离教学目标，生搬硬套别人的经验。建构主义学生观认为，"学生并不是空着脑袋走进教室的"，"学生是带着全部的丰富性进入课堂的，这不仅仅包括学生已有的知识，还包括学生的经验、学生的困惑、学生的情感等。"[1] 因此，在导入环节摸清学情，了解学生原有的知识水平和认知水平是导入成功的基础。

那么，如何才能使导入发挥其应有的教学功能，实现高效课堂呢？

第一，导入选材要新颖，能激发学生的兴趣，对学生学习有置信作用。兴趣激发是课堂导入的重要功能，因此，课堂导入首先要考虑选材新颖，老套的素材、老生常谈的故事等"老古董"学生是不感兴趣的。所以，选材要突出"新、活、实"，要考虑与学生的日常生活相结合，激发其学习兴趣，吸引学生的注意力，调动学生主动参与其中。所谓课堂导入的置信作用，是指通过导入消除学生对学习新知识的惧怕、怀疑心理，使学生对学习新知识产生愉悦感，对教师产生亲切感、友好感。一般的，学生面对新知识，尤其是教学中的难点、重点，往往会有"我能学好吗"的畏惧心理。这时，教师如果在教学之始就利用好导入技能，最大程度上消除学生的疑虑，就能为学生的学习扫除第一道障碍，接下来的教学往往会事半功倍。置信作用使学生产生愉悦感受，因而心情愉快，情绪饱满，注意集中，思维活跃。"学之径莫便乎近其师"，通过导入的置信作用，让学生对教师产生尊重感、信任感，是提高教师教学效果的重要前提。

第二，导入要定向，关联学习目标和学习内容。教学是一种有意识的客观实践活动，任何教学活动都不是随意而为的，教师的主观教学设计必须建立在教学客观性的基础上。因此，课堂导入不能随心所欲，它应有内在的指向性。这里的指向性就是指课堂导入情景内容应当与新课内容紧密联系，把学生的注意力很快集中到本节课的教学目标和学习内容上，在有限的时间内让学生明确学习任务和学习方向。注重导入的指向作用，是防止导入偏离教学内容的最重要保障。

---

[1] 张丹.小学数学教学策略[M].北京：北京师范大学出版社，2010：15.

第三，导入要清楚学情，为师生互动做好铺垫。在实际教学中，由于教师对学情了解不清，在引发学生已有知识（旧知）和未知知识（新知）的认知冲突时，提供的旧知识或者过难或者过易，因而可能出现以下情况：一是教师和学生沟通不畅，导入变成了老师的"独角戏"；二是由于旧知识过易学生不屑于思考，或旧知识太难，学生畏惧思考。这两种情况学生学习积极性都不会高，达不到通过导入激发学生求知欲的目的。新课程理念要求："教师教学应该以学生的认知发展水平和已有的经验为基础，面向全体学生，注重启发式和因材施教。"① 只有分析清楚学情、导入的认知冲突，才能驱动学生追问其原因。

第四，注重导入技能训练。任何技能都是通过学习而形成的，导入技能也不例外。训练导入技能有很多方法，近年来，我们教研团队在河南大学博士生导师、特聘教授魏宏聚的指导下，运用教学视频切片分析方法，引领中小学教师进行教学技能训练，取得了很好的成效。教学视频切片分析方法具有直观性、形象性与真实性，具有切口小、周期短、见效快、成果实等优点，能够做到理论联系实际，克服了进行技能训练讲形式、走过场、平淡肤浅、泛泛而谈，或面面俱到，眉毛胡子一把抓，主次轻重不分等弊端。

其核心工作是分析课堂教学设计中的典型教学设计片断，分为初步切片、典型切片分析与应用典型切片三大步骤。② 初步"切片"环节进行课堂观察，记录下需要分析的教学技能，比如某一节课中，值得分析的教学技能有情境创设、小组合作等，记录下这些教学技能发生过程、操作步骤及典型效果等。教学切片的本质是包含某一教学技能的片段，典型切片分析是选取典型切片并诊断典型的原因，即围绕典型切片的教学技能进行分析。典型的教学切片有两类：一是优秀典型切片。这是符合教学规律的、教师优秀教学技能的展示，是教师长期优秀教学经验总结的成果，具有很强的可操作性和针对性，对教师的指导作用大，实践应用价值高。二是不

---

① 李旸.初中英语课堂的导入环节研究[D].上海：华东师范大学，2011：16.

② 刘海生，李清臣.试析基于教学切片诊断的课堂研究[J].当代教育科学，2015，(10)：15.

足的典型切片。不足的"典型"对纠正教学技能中的不足及优化课堂教学具有重要意义。应用典型切片是体现教学切片研究的生命力之所在，是在找出典型切片后，分析典型"切片"何以典型，即归纳典型切片成功或不成功的原因，让一线教师明白何为好的教学设计，其功能是什么，在课堂教学中设计的要求以及容易出现的问题是什么。然后通过总结教学技能运用的"得"与"失"，对优秀典型和不足典型反思，从而进行理性的升华并应用于自己的教学中。

有效课堂导入应具备"三性"

"良好的开端是成功的一半。"有效教学的核心是能提高学生的学习效能,从一节课的流程看,教学的成功与否,和课堂导入是否有效存在密切关系。很多教师非常重视导入在激发学生学习兴趣、集中学生注意力、营造良好教学氛围、调动学生学习积极性上的作用,这固然无可厚非;但是,作为教学不可或缺的重要环节,如果仅仅满足于这些功能,并不能很好地达成课堂导入"牵一发而动全身",达成教学目标的功效。笔者对教师日常教学导入的观察发现,有效课堂导入应具备"三性"。

第一,有效课堂导入应具备指向性。即导入应指向教学目标。众所周知,教学目标是教学的灵魂,具有导向、评价、调节、激励等多种功能。它既是教学的起点,支配教学过程,规定教与学的方向与策略;又是教学的终点,是具体的任务,是一节课或一个教学活动的最终目标,是一个应当牢记的起点和终点,用教学目标引领或统筹教学是当代教学设计的精髓。因此,从课堂教学的导入,到课堂教学的结语,均应指向教学目标。教学目标不同,教学侧重点就不同,导入环节和其他各环节的内容安排就不同。如果只重视导入环节而忽视教学目标,导入设计就是无效的。

第二,有效课堂导入应具备关联性。即课堂导入的内容应当与新课内容紧密联系,在有限的时间内让学生明确学习任务和学习方向。如,某教师在教学《将相和》一课时,设计了对联导入:同学们,老师有一副对联送给大家。上联是"魏无忌长孙无忌彼无忌此亦无忌",下联是"蔺相如司马相如名相如实不相如"。这副对联中出现了四个人的名字,你们知道他们都是谁吗？有学生回答道："蔺相如是战国时期赵国人，他机智地完璧归赵，为赵国立了大功。"老师说："讲得真不错，那其他三个人是谁呢？"学生面面相觑，回答不上来，教师只好自己解说。这个导入，和本文相关的内容只有"相如"这一点，其他三个不同时期的历史人物及其复杂的历史背景，小学生是难以理解的，这样的导入不仅无助于学生的学习，反而弄巧成拙。

第三，有效课堂导入应具备冲突性。即导入要结合教学内容制造认知冲突，增强学生迫切获取新知的欲望。导入不能只追求形式，更不能为了只活跃课堂气氛而导入。课堂导入必须紧紧围绕教学目标、教学内容展开，必须能够引起学生的认知冲突。能够引起学生认知冲突的导入才有生命活力。

如，某教师教学《一般分数化成小数》一课时，课始，教师组织学生练习：把 3/10、3/100、51/1000、3/25 化成小数。学生运用已有的知识经验顺利地把分母是 10、100、1000 的分数化成了小数，当他们努力想把 3/25 化成小数时，已有的分数化成小数的知识经验不能直接解决眼前的问题了，于是就产生了已知和未知的冲突。此时，教师启发："分母是'100'的分数大家能把它化成小数，分母是'25'的这个分数就真的不能化成小数了吗？"教师的反问激活了学生的思维，他们迅速从原认知结构中提取通分的知识，沟通分母"25"与"100"之间的联系，得出：3/25=12/100=0.12。正当学生沉浸在学习成功的快乐之中时，教师出示：把 3/7 化成小数？由于 3/7 不能通分成十分之几、百分之几、千分之几……造成学生的已知和未知间再次"脱榫"，他们的思维便由先前的"柳暗花明"忽又转入了"山重水复"的"困境"。那该怎么办呢？

上述教学过程中，教师在帮助学生复习已学的分数化小数时，有意把 3/25 嵌入其中，在学生面前适当展现源于已知又发展于已知的"新的东西"，使学生置身"心求通而不能，口欲言而弗达"的"愤悱"境地，教师在帮助学生提取通分的相关旧知解决矛盾，实现了暂时的心理平衡后，当让学生把 3/7 化成小数时，刚刚建立的新知又不足以解决面临的问题，于是，新的矛盾又产生了……把数学知识的学习巧妙地组织在这种不断

"揭示矛盾（引起冲突）—分析矛盾—解决矛盾（实现平衡）"的矛盾运动中，学生在这个过程中积极主动地进入认知的发生、形成与发展过程。[①]

当然，作为课堂教学的一个关键环节，不同的导入方法各有优势，因此，教师应结合不同学科的特点及教学内容，选择不同的导入方法灵活运用，实现教学内容与导入方法的完美结合，不要在教学中生搬硬套。

[①] 顾青山.把学生带入"愤悱"的境地：小学数学教学中诱发认知冲突的实践和思考[J].学科教育，2001，(09)：8.

如何防止情境创设"变味""走调"

《中共中央 国务院关于深化教育教学改革全面提高义务教育质量的意见》指出："优化教学方式。融合运用传统与现代技术手段，重视情境教学。"义务教育各科课程标准都明确要求教师要"善于利用并创设丰富的教育情境"。李吉林老师认为：以"情境"为中心体现了当代课程变革走向。王荣老师认为，"情境之于知识，犹如汤之于盐。盐需溶入汤中，才能被吸收；知识溶入情境之中，才能显示活力和美感"。可以这样说，离开了情境创设，各科教学效果将会受到很大的影响。基于这样的认识，越来越多的一线教师在教学中十分重视情境创设。然而，细心观察不难发现，情境创设还存在偏离教学目标、远离学生生活、缺乏学科特点、虚假失信失真、牵强附会、形同虚设等"变味""走调"现象，严重削弱了情境的教育教学功能。那么，如何防止情境创设"变味""走调"呢？

一、准确把握"情境"的内涵

防止情境创设"变味""走调"，需要回到情境"原点"，准确解读"情境"的内涵。如果陷在对"情境"误读误解的泥沼中，怎么可能创设出能够体现"真、美、情、思"优势的情境？又怎么提高课堂教学质量？所以，准确把握"情境"的内涵，我们很有必要零距离聆听情境教育理论的创始人李吉林老师对"情境"的论述：情境是"有情之境"。王策三教授指出，情境教学是一个"情"字贯穿活动过程。这就弥补了教学认识论的一大缺陷，即教学认识不仅是认知活动，而且包括情感意志活动。同时，情境是"活动之境"，是人化的情境，是一个有情有趣的网络式的师生互动的广阔空间。它是将教育、教学内容镶嵌在一个多姿多彩的大背景中，从而促使儿童能动地活动于其中。

情境是经过优化而特意创设的，这样的特定情境中蕴含着教育者的意图，它们使儿童的生活空间不再是一个自然状态下的生活空间，而是富有教育的内涵，富有美感的、充满智慧和儿童情趣的生活空间。

教师要"根据教材的特点创设、渲染一种优美的、智慧的、让儿童感到亲切、富有情趣的氛围，将知识的系统性、活动的操作性、审美的愉悦性融为一体，也就是将学科课程与儿童活动结合起来，将知识镶嵌在情境之中，让知识与情境相互依存，让儿童与情境互动，并在其中进行相关的实践活动"。情境教学"理寓其中"，是从教材中心出发，由教材内容决定情境教学的形式。教学过程中创设的一个又一个情境都是围绕着教材中心展现的。这种富有内涵的具有内在联系的情境，才是有意义的。

情境教育是以情动情，让学生受到熏陶感染，有效地培养、发展儿童的审美情感及道德情感。随着情境的延续，儿童的情感逐步加深，天长日久，弥散、渗透到他们内心世界的各个方面。作为相对稳定的情感态度、价值取向，又将逐步内化、融入儿童的个性之中。取"情境"而不取"情景"，其原因就在于"情境"要具有一定的深度与广度。"情境"讲究"情绪"和"意象"。总之，情境要"形真""情切""意远""理寓其中"。"形真"并不是实体的机械复制，或照相式的再造，而是以简化的形体、暗示的手法获得与实体在结构上对应的形象，从而给学生以真切之感。"情切"是教师要善于将自己对教材的感受及情感体验传导给学生。"意远"是把学生带入作者创作时所处的情境之中，使创设的情境意境深远。"理寓其中"是从教材中心出发，由教材内容决定情境的形式。

综观当前教师创设的"情境"，有的只关注量而忽视质，导致创设的情境缺乏深刻性；有的只关注趣味而忽视"理寓其中"，导致创设的情境偏离教学目标；有的只关注现实生活而忽视学科特质，导致创设的情境有"去学科化"倾向；有的只关注预设而忽视生成，导致创设的情境没有"发现意外的通道和美丽的图景"。所以，预防情境创设"变味""走调"，必须深刻领悟情境的内涵，才能走出情境创设的误区。

二、培养深厚的专业情意

吴康宁教授提出过一个值得每一个教师深思的问题："情境教育既然能引发学生主动、生动且高效学习，那就值得探索与实践。然而，是否任何人想进行情境教育就能进行并可获得成功呢？"对于这个问题，李吉林老师40年的情境教育探索历程给出的答案是否定的。这是因为，情境教育向教师提出了一系列要求。达不到这些要求，情境教育便无从谈起，更遑论取得成功！笔者以为，防止情境创设"变味""走调"，创设"真、美、情、思"的独特优势的优化的情境，特别需要培养教师深厚的专业情意。众所周知，教师的专业发展，专业知识是基础，专业能力是关键，专业情意是动力。夏丏尊先生说："学校教育到了现在，真空虚极了。单从外形的制度上、方法上，走马灯似的更变迎合，而于教育的生命的某物，从未有人培养顾及。好像掘池，有人说四方形好，有人又说圆形好，朝三暮四地改个不休，而于池的所以为池的要素的水，反无人注意。教育上的水是什么？就是情，就是爱。教育没有情爱，就成了无水的池，任你四方形也罢，圆形也罢，总逃不了一个空虚。"防止情境创设"变味""走调"，看似一个"技术问题"，实际是一个"情意问题"。因为，情境创设本身就需要教师有旺盛的激情与丰富的想象，需要教师有对学生的关爱之心、理解之情，而"挚爱可以燃起激情，激情会驱动你展开联想"。李吉林老师强调：创设情境的旨归是"为了希望的希望""她热情地追逐着生活中和儿童心灵中一切美好的东西，用真挚的情感去拨动儿童的心弦，书写明天的诗"（潘仲茗）。李吉林老师深情地说："情境教育的探索之所以能一步步展开，很重要的一点就是我始终怀着对儿童无限的挚爱。"阅读李吉林情境教育的文章，不难发现，李吉林对儿童、对学生的爱已沁入她的心灵、融入她的血液，成为她投入情境教育探索不可或缺的动力的源泉、激情的源泉。（吴康宁）所以，如果教师没有深厚的专业情意，具体来说就是教师没有对学生的爱，没有进取意识，没有创新精神，情境创设难免会"变味""走调"。

三、掌握情境创设的基本途径

情境创设的途径和方法很多，为了体现情境创设讲究"真"，追求"美"，注重"情"，突出"思"等优势，教师应当掌握情境创设的基本途径，以达到"择美构境，境美生情，以情启智，把情感活动与认知活动结合起来，引导儿童在境中学、思、行、冶"的目的。李吉林老师经过40年的研究，把情境创设归纳为六个基本途径：以图画再现情境；以音乐渲染情境（尤其是那些一般图画不足以表现的动态和意境，或特别庄严肃穆，或悲凉凄惨，或特别欢快激动，或惊险紧张的场景，用音乐是再合适不过的）；以表演体会情境；以语言描绘情境；以生活展现情境；以实物演示情境。当然，情境创设的途径还有拓展空间。

总之，防止情境创设"变味""走调"，需要准确把握"情境"的内涵，培养深厚的专业情意，掌握情境创设的基本途径。从问题出发，以课堂教学为现场，坚持研究，关注实践，重视经验，创设出"其人可见""其声可闻""其景可观""其物可赏"、充满"真、美、情、思"的情境，让儿童感到"情境即在眼前"，"我即在情境中"。

课程思政是打造"金课"的一个有效切入点

《教育部关于狠抓新时代全国高等教育本科教育工作会议精神落实的通知》明确指出:"各高校要全面梳理各门课程的教学内容,淘汰'水课'、打造'金课'、合理提升学业挑战度、增加课程难度、拓展课程深度,切实提高课程教学质量。"淘汰"水课",打造"金课",是提升高校人才培养质量的需要,是实现立德树人根本任务的需要,是学生健康成长的需要。如何淘汰"水课",打造"金课"?"课程思政"为我们提供了一个有效的切入点。

我国著名哲学家冯契有一个重要思想,即"化理论为方法,化理论为德性"。据此,我们可以这样理解,"课程思政"就是指高校教师在传授课程知识、培养学生技能的基础上,引导学生将所学的知识、技能,转化为内在德性或能力。换言之,"课程思政"就是以课程为载体,"寓思政于课程",挖掘课程中的思政资源,在课程教学中融入思政元素,在教学中潜移默化地影响学生,使学生树立正确的人生观、价值观,树立远大的理想与抱负,提高其综合素质。"课程思政"之所以能打造"金课",主要在于它能够提高学生对教学的参与度,关注学生学习过程,注重调动学生互动的积极性。根据浙江大学国家"万人计划"教学名师陆国栋教授的研究,学生对教学高度参与,教师关注学生学习过程、注重调动学生互动的积极性,正是"金课"的基本特征和主要标准。

一、"课程思政"能够提高学生对教学的参与度

教学是教师教和学生学的双边共同活动,教学活动必须由教师和学生双方共同参与才能完成,没有教师和学生的参与,就没有有效的教学。

没有"课程思政"的教学,在各门学科课程上暴露了很多弊端。教学方法单一,其教学方式通常是,以教师为主体,以书本为中心,采用封闭型的教学方法,忽视学生参与,教师强行灌输,学生死记硬背。复杂、抽象的理论演绎让学生望而生畏,枯燥的内容使学生难学、厌学,学生教学参与度很低,教学效果较差。

"课程思政"始终围绕"培养什么样的人、怎么培养人、为谁培养人"这些根本问题,把知识导向和价值引领相结合,教师在教育教学过程中注重弘扬主旋律,传输社会主义核心价值观,"长着中国脸,拥有中国心,饱含中国情,富有中国味,发出中国声音,讲述中国故事,弘扬中国精神"。华东师范大学马克思主义学院教授邱伟光认为,"课程思政"重视引导学生将所学的知识、技能转化为内在德性或能力,重视引导学生学会做人做事,重视引导学生良好思想品德的形成,重视引导学生在教学过程中学习知识、锤炼心志及养成品性。"课程思政"充分发挥了课堂教学的育人功能,走出了长期以来"教书"与"育人""两张皮"的窠臼。"课程思政"主张"酸甜苦辣都有营养,成功失败都是收获,贵在参与"。所以,大大提高了学生对教学的参与度。

德育规律告诉我们,从教师的要求到学生品德的形成,中间要经过两次转化,一是从教师的教学内容转化为学生的思想认识和信念;二是从认识信念转化为行为,达到知和行的统一。"课程思政"把知识教育和思想教育、理论与实际、主导与主体有机统一起来,把课程目的、任务、内容、教学方法和教学手段有机统一起来,把知识传授、发展智能、提高觉悟有机统一起来,从而使学生从"要我学"的被动状态转变为"我要学"的主动状态,从情感选择状态转变为理智选择状态,从学习的随意状态转变为自觉状态。这三个转变,实现了育人效果的最大化。

二、"课程思政"能够调动学生互动的积极性

教师和学生是教学过程中最具能动性的两个要素。没有师生之间、生生之间的互动，课堂就不可能"焕发出生命活力"。

"课程思政"了解学生的特点和需要，鼓励学生积极互动，注重激发学生的学习兴趣，注重调动学生学习的积极性、主动性、创造性，注重引导学生学会学习，注重教学理论联系实际，注重开展寓教于乐的课堂教学活动，注重营造宽松的学习环境，尊重学生的个性，发挥学生的才智，使他们真正成为学习的主人。

缺失"课程思政"的课堂，通常是教师唱主角，学生是观众；课堂形成"我问你答，我讲你听，我写你记"的局面。师生互动局限于教师提问，缺乏启发式、研究式的学习氛围。访谈发现，大学生非常喜欢有"课程思政"元素的教学，因为这样的教学"接地气""有意义""受启发""开脑洞""有得说""愿意谈"，学生与教师之间、学生与学生之间能够解决互动；而没有"课程思政"元素的教学，教师夸夸其谈，没有实质内容；或一上课先点名，然后就开始读PPT；或者一味迎合学生，给平时成绩时"出手大方"，考试前划的范围也比较集中。这样的教学，学生能逃课则逃，实在不能逃就选择"隐性逃课"——人在教室心在外，面无表情眼发呆。

三、教师关注学生学习过程

《教育部关于狠抓新时代全国高等学校本科教育工作会议精神落实的通知》明确要求："全面整顿教育教学秩序，严格本科教育教学过程管理。"严格而言，缺乏过程的教学不是真正的教学。结果只是学生学习和思考后的呈现方式，如果忽视学习过程，那么学生生动而富有个性的内心活动、思维过程、情感过程等，教师就无法知晓，学生将失去学习中参与、经历、体验的机会，教师就不会了解学生，也就不能"精准"促进学生的发展。教学是教与学的过程，包括课前、课中和课后的不同阶段，有"课程思政"的教学，教师不仅关注学生的课前、课中，而且关注学生的

课后。教师始终围绕着育人这个核心，一切为了学生，为了学生的一切，为了一切学生；教师有强烈的责任心，"虽然只教学生一阵子，但是为学生发展负责一辈子"。这样的责任心，使教师能够在"守好一段渠，种好责任田"的基础上，能够在教育教学全过程中，潜移默化地渗透思政理念，润物无声地做好育人工作。

线上教学要注重融入"课程思政"元素

面对突如其来的新冠肺炎疫情,教育系统积极响应教育部等部门联合印发的《关于中小学延期开学期间"停课不停学"有关工作安排的通知》(下称《通知》)精神,充分利用信息化技术手段,采用 IPTV(交互式网络电视)课程直播,开展"互联网+""停课不停学"。某地 IPTV《名校课堂》播出后,教师扎实的教学,得到了学生、家长和社会的广泛好评,收到了较好的社会效益。我们观看了其中的一些课程,确实受益匪浅。但是,我们也发现,已经播出的《名校课堂》网络课程中,大部分课程教学明显存在重视知识传授忽视育人功能的通病,普遍缺乏"课程思政"元素。事实上,在"抗疫""停课不停学"的背景下,网络课堂有大量的"课程思政"资源,比如可以结合疫情,进行敬畏自然的教育;通过新冠肺炎产生的原因,引导学生反思人与动物的关系,拓展他们的知识面等。因此,网络课堂要有效发挥育人作用,应当注重融入"课程思政"元素。

一、树立教书育人意识

众所周知,教育的本质是育人。所谓育人,即对青少年学生进行德育、智育、体育、美育、劳动教育等多方面的教育。而教书育人,"强调的是教师在传授知识的同时,引导学生坚持正确的政治方向,坚持正确的价值追求"。作为网络课堂教学的教师,不能认为对学生进行思想政治教育是思政课教师的事,非思政课教师教好课就行了。这种认识,实际上是忽视了学校立德树人的根本任务，割裂了教书和育人的内在联系。由于这种认识在学科教师头脑中根深蒂固，导致学科教师和思政教师之间常常处于互不协同的状态，"三全育人""协同育人"不能付诸实践。网络课堂缺乏思政元素，与此不无关系。

习近平总书记在全国高校思想政治工作会议上指出："要坚持把立德树人作为中心环节，把思想政治工作贯穿教育教学全过程，实现全程育人、全方位育人，努力开创我国高等教育事业发展新局面。""要用好课堂教学这个主渠道，思想政治理论课要坚持在改进中加强，提升思想政治教育亲和力和针对性，满足学生成长发展需求和期待，其他各门课都要守好一段渠、种好责任田，使各类课程与思想政治理论课同向同行，形成协同效应。"习近平总书记的"各类课程与思想政治理论课同向同行，形成协同效应"的讲话对我国教育工作者具有普遍指导意义。因此，我们要树立"协同育人"意识，"三全"育人意识，自觉按照"担当起铸魂育人大任"，"始终牢记为党育人、为国育才的初心使命"。

首先，教师要充分认识网络课堂的育人价值。苏联教育家凯洛夫曾经对教育和教学的关系做出过精辟的论断。他说："教学与教育是互相渗透的，教学具有教育意义，而教育的许多任务是要通过教学过程来完成的。"因此，所有课堂都有育人功能，网络课堂也不例外。无论是线上还是线下教学，除了传授知识，也一定包括情感、态度、价值观的教育。教师不能把思政教育当作思政课教师的事，不能认为线下课堂教学要融入思政元素，网络课堂教学可以不要思政教育。即使是网络课堂，也要"守好一段渠、种好责任田"，把思政元素融入各科课程教学。其次，学校要对网络课堂教学的教师明确提出教书育人、协同育人的要求，提供物质保障，鼓励教师创新网络课堂教学方法，推动协同育人、全员育人实践。

二、充分挖掘课程思政资源

"科学教育学的奠基人"德国教育家赫尔巴特在其代表作《普通教育学》中，第一个明确提出了"教育性教学"理论。所谓"教育性教学"，就是指所有教学都必须具有教育性，教学不能离开教育。借鉴赫尔巴特的

"教育性教学"思想,教师在网络课堂教学中要注意挖掘课程思政资源。边玉芳教授认为,"很多东西是无法通过教科书直接教给孩子的,这次灾难是最真实不过的社会情境。困境同时也是进行教育的契机",可以利用这个机会,对学生进行良好卫生、生活习惯的教育,自主管理能力的教育,感恩教育,责任感教育,职业生涯教育,生态环境教育,信息筛选能力教育,生命教育,等。其实,疫情带给人们的还有很多,只要教师用心寻找,课程思政教育资源比比皆是。

三、通过教学细节融入课程思政

教学细节是教学过程中发生的、对教学具有一定影响的最基本的教学要素或教学行为,具有细微性、情境性、指示性、教育性等特点。网络课堂教学中,教师虽然没有直接面对学生,看不到学生,可是学生却可以看到老师。老师的一句话、一个眼神、一种表情、一个动作,都会对学生产生一定的影响。正如赫尔巴特所说:"教师的每一个行为,即使是看起来最微不足道的,也能获得光彩和真正的价值。"因此,教师在网络课堂教学中,要通过教学细节实施课程思政。首先,要学习相关理论,注重在日常教学过程中训练对教学细节的感知和把握的能力。其次,要注意教学过程中的行为细节。比如,面向镜头时要发出会心的微笑,因为学生都喜欢微笑的教师,微笑让学生隔空感受到老师的温暖、鼓励、理解、赞扬。又如,板书时注意头别挡住板书的内容,让学生能够清晰地看到老师的书写过程,感受到老师的"目中有人"等。让学生从教学细节中真切感受到老师的仁爱之心、关怀之德,这是教师实实在在的"教书育人"之举。

四、及时反思自己的教学

美国教育心理学家波斯纳说:"没有反思的经验是狭隘的经验,至多只能是肤浅的知识。如果一个教师仅仅满足于获得经验而不对经验进行深入的反思,那么他的旧有理念及不适当的行为就很难改变,其结果他的教学将可能长期维持在原来的水平而止步不前,即便他是有 20 年的教学经验,也许只是一年工作的 20 次重复。"美国 2006 年度教师凯慕柏莉·奥立佛说:"好教师不必是那些上出成功的课或教出得分最高班的教师。好教师是那些有能力去反思一堂课、理解什么对了或错了、寻找策略让下次更好的老师。""反思是优良教学的本质因素。有能力反思的教师能不断进步,为学生的学习负起责任。"因此,网络课程教师不能认为这次线上教学任务完成了就万事大吉,要及时进行教学反思,特别要反思以下教学细节:一是成功的教学细节,如在教学中的"得意之作"或"闪光镜头",为什么这些地方发挥了很好的育人效果等;二是失误的教学细节,如教学内容明显可以融入课程思政的元素,但是自己的教学却没有体现教学的教育性,要反思为什么失误;等。对这些教学细节的反思,能够使教师的教学进一步得到补充和完善,真正做到教书育人。

总之,课堂是教书育人的主阵地,教师是课程思政的关键人。"学校无小事,事事是教育;教学无小节,处处能育人。"网络课堂适时融入"课程思政"元素,必定能够增加学生的新鲜感、兴趣感、体验感,使网络课堂教学达到一个更高的境界。

深化思政课程一体化建设的三个路径

思政课程一体化建设,是指大中小学围绕"立德树人"根本任务,充分发挥课程教学的思政作用,将培育和践行社会主义核心价值观贯穿于课程建设全过程,充分实现课程目标、课程内容、课程结构和课程评价等课程要素中的思政价值。大中小学思政课程一体化建设是学校落实"立德树人"根本任务的需要,是解决"培养什么人""为谁培养人"等教育根本问题的需要,是全面提高育人质量、实现教育现代化的必然要求。

党和政府高度重视大中小学思政课程一体化建设,早在 1994 年,中共中央就颁布了《关于进一步加强和改进学校德育工作的若干意见》,首次提出"整体规划学校的德育体系";2004 年后,中共中央国务院又印发了《关于进一步加强和改进未成年人思想道德建设的若干意见》和《关于进一步加强和改进大学生思想政治教育的意见》,提出"加快思想政治课的改进和建设";2005 年,《教育部关于整体规划大中小学德育体系的意见》要求"整体规划大中小学德育体系,充分发挥学校教育的主渠道、主阵地、主课堂作用";2010 年《国家中长期教育改革和发展规划纲要(2010—2020)》把"构建大中小学有效衔接的德育体系"作为中长期教育改革发展的重要目标;2011 年教育部启动"整体规划大中小学德育课程项目";2014 年,《教育部关于全面深化课程改革落实立德树人根本任务的意见》强调高校和中小学课程改革要"整体规划、协同推进"。2019 年 8 月,中共中央办公厅国务院办公厅印发《关于深化新时代学校思想政治理论课改革创新的若干意见》明确提出"大中小学思政课一体化建设需要深化"。从党和政府出台的一系列文件中，从大中小学思政课程的整体研究和实践中，可以看到深化大中小学思政课程一体化建设的必要性与紧迫性。

根据大中小学思政课程一体化建设的内涵，深化大中小学思政课程一体化建设有三个必由之路。

一是大中小学思政课程设计一体化。要根据思政课程总体目标和各学段目标要求，运用对立统一的规律，整体规划各级各类学校思政课程目标。既要关注大中小学思政课程的个性，又要考虑大中小学思政课程的共性，结合各年龄阶段学生的实际，在大中小学循序渐进、螺旋上升地开设思政课，使小学、初中、高中、大学各学段的课程形成分层递进、前后贯通、有序衔接的一体化思政教育内容序列。

二是学科教学思政教育一体化。具体而言，就是所有学科教师都要牢固树立全员思政意识，不仅要向学生传授知识，更要承担起培养学生道德品质的责任，深入挖掘每门学科蕴含的思政资源，将社会主义核心价值观的培养与知识传授、能力培养"无缝对接"，创造所有学科全体教师全过程协同育人的氛围。

三是各种思政教育力量一体化。学生思政教育并非只是思政教师的事情，并非只依赖于思政课程，大中小学教育工作者都要树立"人人都是思政工作者"的理念。特别是大中小学要借助课题研究、教学研究等研讨机制，促进大中小学教育力量的良性互动，探索建立一整套科学合理的大中小学思政课程有效衔接的保障机制，实现各学段思政教育的有效衔接。

抗战故事融入课程思政的策略

爱听故事不仅是儿童的天性,也是所有人的一种倾听心理。北京师范大学特级教师培训项目专家郑立平认为:"但凡强调教育和激励的领域,讲故事往往是高效的教学工具,是达成预想目标的措施,它比宣讲大道理、统计数据分析、集体空喊的精神胜利更能穿透时间与空间,更有效益与价值。研究表明,以事例或故事的形式出现的信息更容易被我们记住和理解。一个活生生的故事——最好是真人真事,有明确的时间地点,讲述的语言丰富多彩,其震撼力和冲击力往往百倍于单纯的说教。无论是自我教育还是教育学生,讲故事都是沟通思想或教育引导的一种有效方法。"[1]因为"概念、客观事实、统计数字,由于普遍具有其抽象性,且泛味、信息性不强,因而记忆也难以持久,对学生的影响就会弱化。与此相反,故事的类比及隐喻则对人有着巨大的影响,当信息以范例或故事的形式传递时,学生就会更快更准确的记住,特别是那些真人真事、真时间、真地点、真情节的故事,留给学生的印象就更为深刻"[2]。而且"故事会传递一种价值标准和行为标准,帮助学生学会做人,学会做事。当故事成为学生课间经常性的谈资,那就萃取为集体的价值标准了,故事本身则退到了幕后,教育便产生了"[3]。但是,把抗日战争故事(下称抗战故事)融入课程思政的实践中,还存在诸多问题,比如,有的教师在讲抗战故事时照本宣

---

[1] 郑立平.好教师必须会讲故事[J].江西教育,2015,(28):11.
[2] 陈明光.教师要学会讲故事[J].中国培训,2007,(10):59.
[3] 陈明光.教师要学会讲故事[J].中国培训,2007,(10):59.

科，有的教师在讲抗战故事时缺乏真情，有的教师讲抗战故事时蜻蜓点水，有的教师讲抗战故事时不善设置悬念，有的教师讲抗战故事时不善营造氛围。所以，围绕中国人民抗日战争暨世界反法西斯战争胜利75周年"铭记历史、缅怀先烈、珍爱和平、开创未来"这一纪念主题，把抗战故事融入课程思政，讲好抗战故事，落实立德树人根本任务，需要教师掌握讲好抗战故事的基本策略。

一、抗战故事融入课程思政的意义

"中国人民抗日战争和世界反法西斯战争，是正义和邪恶、光明和黑暗、进步和反动的大决战。在那场惨烈的战争中，中国人民抗日战争开始时间最早、持续时间最长。面对侵略者，中华儿女不屈不挠、浴血奋战，彻底打败了日本军国主义侵略者，捍卫了中华民族5000多年发展的文明成果，捍卫了人类和平事业，铸就了战争史上的奇观、中华民族的壮举。"[①]"在那场艰苦卓绝的反侵略战争中，在中华民族危亡的时刻，中国人民的爱国热情像火山一样迸发出来。在中国共产党倡导建立的抗日民族统一战线旗帜下，'四万万人齐蹈厉，同心同德一戎衣'，中国人民以血肉之躯筑起拯救民族危亡、捍卫民族尊严的钢铁长城，用生命和鲜血谱写了中华民族历史上抵御外侮的伟大篇章。"[②]在世界反法西斯战争史中彰显了伟大的中国精神，"撑起了世界反法西斯战争的东方主战场，为世界反法西斯战争胜利做出了重大贡献"[③]。

中国人民在抗日战争中书写了无数惊天地、泣鬼神的抗战故事，如"杨靖宇、赵尚志、左权、彭雪枫、佟麟阁、赵登禹、张自忠、戴安澜等一批抗日英烈和八路军'狼牙山五壮士'、新四军'刘老庄连'、东北抗联

---

① 习近平.在纪念中国人民抗日战争暨世界反法西斯战争胜利70周年大会上的讲话[J].中国翻译，2016，(1)：122.

② 习近平.在纪念中国人民抗日战争暨世界反法西斯战争胜利70周年招待会上的讲话[EB/OL].http：//www.xinhuanet.com/politics/2015-09/03/c_1116458457.htm.

③ 刘庭华.世界反法西斯战争的东方主战场[N].人民日报，2015-6-5.

八位女战士及国民党军'八百壮士'等众多英雄群体"①书写的可歌可泣的抗日战争故事，是中华民族弥足珍贵的精神财富，是对学生进行爱国主义教育最好的"教科书"，是课程思政的最生动素材，更是落实立德树人根本任务的最有力的抓手。一个个震撼人心的抗战故事，是"以爱国主义为核心的抗战精神"的写照，是中国人民"高扬爱国主义旗帜，与侵略者展开顽强斗争"的缩影，是饱含精神力量、"激发中华民族团结御侮的巨大能量"②，是新时代激励中国人民奋发图强的"营养剂"和"清醒剂"，是中国人民实现中华民族伟大复兴中国梦的新动力。讲好这些抗战故事，"让历史说话，用史实发言"③，对于"挖掘利用中国人民抗日战争暨世界反法西斯战争胜利蕴藏的丰富精神内涵和教育资源"，对于充分发挥抗战故事的精神力量作用，对于"深入阐释中国人民抗日战争的伟大意义、中国人民抗日战争在世界反法西斯战争中的重要作用、中国共产党在中国人民抗日战争中的中流砥柱作用"，对于"铭记历史、缅怀先烈、珍爱和平、开创未来"，弘扬民族精神和抗战精神，对于培养青少年学生"天下兴亡、匹夫有责的爱国情怀，视死如归、宁死不屈的民族气节，不畏强暴、血战到底的英雄气概，百折不挠、坚忍不拔的必胜信念"④，对于进一步加强人们群众特别是青少年学生的爱国主义教育和革命传统教育，"培养有理想、有本领、有担当的新时代建设者"⑤对于落实立德树人根本任务，都具有重要的现实意义。

---

① 求是杂志社课题组.铭记伟大历史 彰显学术话语：纪念中国人民抗日战争暨世界反法西斯战争胜利70周年理论研究成果综述[J].中国社会科学，2015，(12)：4-5.

② 黄一兵.抗日战争胜利开辟了中华民族伟大复兴的光明前景[N].光明日报，2015-06-14.

③ 求是杂志社课题组.铭记伟大历史 彰显学术话语：纪念中国人民抗日战争暨世界反法西斯战争胜利70周年理论研究成果综述[J].中国社会科学，2015，(12)：4-5.

④ 求是杂志社课题组.铭记伟大历史 彰显学术话语：纪念中国人民抗日战争暨世界反法西斯战争胜利70周年理论研究成果综述[J].中国社会科学，2015，(12)：4-5.

⑤ 白启鹏.讲好鲜活故事 落实立德树人[N].中国教育报，2020-6-10.

二、抗战故事融入课程思政的策略

抗战故事融入课程思政，最关键的就是会讲抗战故事，讲好抗战故事。用震撼人心的抗战故事，代替空洞的说教和枯燥的理论，引发学生思考，产生情感共鸣，激起学生爱国情怀。然而，会讲故事尤其是讲好故事是一项专业技能，不是随便就能讲好的。因此，抗战故事融入课程思政，讲好抗战故事，需要教师掌握以下基本策略：

（一）选择有典型性的抗战故事

众所周知，抗战故事非常丰富，悲壮感人。但是，课堂教学时间毕竟只有45分钟，因此，教师应当精选有典型性的抗战故事融入课程思政，实现立德树人。那么，如何选择有典型性的抗战故事呢？

第一，选择的抗战故事要与课程内容密切相关，能够促进学生思想政治觉悟的提高和道德品质的发展，能够促进学生掌握学科知识和技能，有利于完成教学任务，提高教学实效。当然，选择的抗日故事还应当生动感人，使学生感受到这些抗战故事与自己今天的幸福生活之间的密切关系，培养学生"天下兴亡，匹夫有责"的爱国主义精神和家国情怀。抗战故事融入课程思政不是单纯为了迎合学生爱听故事的天性而讲故事，如果不考虑所讲的抗战故事与教学内容的联系，为讲故事而讲故事，不仅浪费宝贵的教学时间，降低教学实效[1]，而且会陷入形式主义的泥沼，引起学生的反感。

第二，选择的抗战故事要真实。教育理论认为，德育过程是培养学生"知""情""意""行"的过程。德育不仅要解决"知"与"不知"的矛盾，更要解决"信"与"不信"，"行"与"不行"的矛盾。"在思想教育过程中，惟有真实，所以可信；惟有真实，才更具有说服力。理论只有征服人心，才会令人心悦诚服。选取真实的故事，应该成为我们运用故事教学的重要法则。"[2] 众所周知，抗战故事涉及的内容是历史客观事实，

---

[1] 王静杰.政治教师要善于讲故事：关于引导学生乐学的尝试[J].思想政治课教学，2005，(12)：12.

[2] 张健.做一名会讲故事的思品教师[J].思想政治课教学，2014，(6)：76.

因此，抗战故事和一般的故事不同，不能进行虚构，其中的时间、地点、人物等必须准确无误。所以，教师在选择抗战故事时要有严谨的态度，搜集感人的抗战故事，才能在尊重史实、客观公正的基础上达到以史为鉴、立德树人的目的。

第三，选择的抗战故事要生动。抗战故事的情节要有跌宕起伏，才能吸引学生。有的教师在处理抗战故事的真实性和生动性的关系上感到很困惑甚至矛盾，认为真实的抗战故事要求严谨，而故事的生动性更加侧重学习兴趣，"鱼和熊掌不可兼得"。实际上，很多评书演员在处理生动性与真实性关系上做得很好，"它山之石，可以攻玉"，教师要学习这些艺术家巧妙融合生动性与真实性的方法。

（二）把握好抗战故事融入课程思政的时机

抗战故事融入课程思政，有利于渗透抗战精神，有利于培养学生的爱国主义精神和家国情怀。教师不仅要精选有典型性的抗战故事，还要把握好抗战故事融入课程思政的时机。研究表明，"课堂导入、重点突破、课堂训练都是故事介入的好时机，教师要对课堂教学实际做好调查评估，以便选择最为适当的机会投放故事"[①]。同时，如上所述，教师把抗战故事融入课程思政时要密切关联教学内容，让学生形成关联思维，触动心灵，实现课程思政的渗透。如，某历史老师在教学《伪满建国》，就插入了这样一个抗日故事：1932年的春天，本是春播希望之际，但溥仪摇身一变就任伪满洲国执政，旋即《东京日日新闻》大肆宣扬"王道乐土"。以"乐"字引发学生反思东北人民的生活处境。通过《松花江上》歌词中的"悲惨流浪"与"王道乐土"形成鲜明冲突，理解这是一个失望与绝望的时代[②]，激发学生对侵略者暴虐统治的义愤填膺。

（三）鼓励学生参与，充当故事的主角

传统的课堂教学中，虽然站着的是教师，坐着的是学生，但是实际上教师是课堂的"主宰"，"我"说"你"听，"我"写"你"记，教师

---

① 张颖.谈道德与法治故事教学法的运用[J].小学教学参考 2019，(11)：56.

② 沈清波.追忆抗战精神，传承家国情怀：以"从局部抗战到全面抗战"一课为例[J].中学历史教学参考，2018，(9)：48.

"一言堂""满堂灌"。在这样的教学模式下,学生的主体地位被异化成"仆从",严重挫伤了学生学习的积极性。教师要认识到,把抗战故事融入课程思政,并不是教师一个人的"独角戏"。因此,把抗战故事融入课程思政并取得预期效果,教师就要加强与学生的互动,鼓励学生参与教学,引导学生从"旁观者"变为"参与者"①,置身其中,充当故事的"主角",成为学习的主人。这样既可以调动学生学习的积极性和主动性,又能够激发学生的创新思维。具体来说,从以下三个方面操作:

一是立足教材,让学生讲故事。教师要联系学生生活和社会实际,让学生通过讲述抗战故事,明确学习目的,加深对祖国的热爱之情。二是利用角色扮演,让学生演故事。学生做评委,教师做观众。在课堂教学中,通过角色扮演的方式,能让学生在抗战故事的表演中获得情感的共鸣,在故事融入中获取更加深刻的道德体验②。例如:教学《西安事变》,学生通过扮演张学良、杨虎城、周恩来、蒋介石等角色,强烈感受到中国共产党在特殊时刻的适时让步,既富有诚意又彰显民族大义,是极具政治智慧的举措。理解了这场兵谏虽使张学良和杨虎城个人命运遭难,却促成抗日民族统一战线初步建立,使命途多舛的中华民族再现生机。③ 三是加强实践教学环节,鼓励学生收集故事、整理故事。可以通过给学生布置作业的方式,把实践教学与社会调查、志愿服务、公益活动、专业课实习等结合起来④,让学生带着问题走出校门,通过社会实践采集抗战故事素材。

需要注意的是,鼓励学生参与,充当故事的主角,并不是要求教师"无为而治",恰恰相反,教师把抗战故事融入课程思政的过程中,必须发挥好主导作用。比如,教学中讲好抗战故事,要注意"在讲述的结构上下功夫,从微观角度切入,少讲大道理,多讲具体故事,讲深,讲细。入题要快,公众知晓度较高的背景、铺垫言简意赅,适可而止。剔除同质化的

---

① 杜威.民主主义与教育[M].王承绪译.北京:人民教育出版社,2001.

② 姚素萍.故事教学法在道德与法治课的应用策略[J].华夏教师,2019,(36):59.

③ 沈清波.追忆抗战精神,传承家国情怀[J].中学历史教学参考,2018,(9):48.

④ 蔡红建.思想政治理论课教师要学会讲故事[J].北京教育,2016,(11):35.

素材，有节奏地设置悬念、高潮"①。要注意"用真情"，讲细节，说"人话"。特别是情感要真实适度，矫情、虚情、过度煽情往往适得其反。

总之，抗战故事融入课程思政，是落实习近平总书记"抗战研究要深入"②的讲话精神的需要，是课程教学渗透抗战精神的需要，是新时代培养学生爱国主义精神的新要求，也是青少年学生的新期待。抗战故事融入课程思政的策略选择得越恰当、越准确，抗战故事传播得就越广泛、越久远，课程思政的话语权就会越强大、越有力。

---

① 赵婷.在主题报道中讲好故事：从北京日报纪念抗日战争胜利70周年主题报道说起[J].新闻与写作，2015，(9)：16-18.

② 求是杂志社课题组.铭记伟大历史 彰显学术话语：纪念中国人民抗日战争暨世界反法西斯战争胜利70周年理论研究成果综述[J].中国社会科学，2015，(12)：4-5.

在教学细节中立德树人

在新时代落实"立德树人"根本任务，不仅要关注宏观的教育教学理念，而且要注重微观的教育教学行为，教学细节正是构成教学行为的基本单位。教学细节最能育人，"一句平常的安慰，一个细小的抚爱动作，一个关怀的眼神，都能给学生留下心灵的感动"。因此，教学细节是促进学生发展的突破口，是落实立德树人根本任务的有效着力点，教师应当在教学细节中立德树人。然而，由于教学细节是教学中的一些不易觉察的"细微"之处，因而很容易被教师忽视。我们结合对优质课大赛中一些教学细节的观察，分析教师忽视教学细节育人方面的问题，提出在教学细节中立德树人的建议。

一、情境再现

上学期应邀参加某学校评选优质课的教研活动，听了两节全校性的优质课。上课教师教学目标明确，重点突出，对教材分析到位，教学思路清晰，但在教学细节的处理上却存在着令人遗憾的不足。下面是两个教学细节的情境再现。

情境一：一位三年级数学教师教学《分数的初步认识》时，在课堂教学中采用了小组合作学习，对每组最佳组员的奖励是发给教师事先剪好的红五星。快要下课的时候，老师不小心把没有用完的红五星碰下了讲台。坐在第一排边上的一个小女孩很珍惜地把红五星捡起来，面带微笑交给老师。老师正忙着布置作业，不以为然地说："没用了，扔了吧！"小女孩尴尬地看着老师，然后把红五星扔到了地下。

情境二：小学四年级语文教师教学《游园不值》时，为了便于学生理解，老师从网上下载了一些图片打印后带到课堂，贴在黑板上。教师激情导入后，一阵风把其中的一张图片从黑板上吹了下来，飘到讲台一角。一个男同学从座位上站起来，走到图片跟前，小心把图片捡起来交给老师。老师接过图片重新贴到黑板上，没有对这个同学有任何表示，又陶醉于自己的教学中，滔滔不绝地讲了起来。男同学往座位上走的时候，给大家做了一个鬼脸。

二、细节剖析

为什么上述两个教学细节中，教师会采取那样的行为？课后，我们与上课的教师进行了交流。

当我们问第一位老师那样做有无不妥时，该教师沉思了一下说："当时快下课了，只顾忙着给学生布置作业，没有考虑那么多。再说，那些红五星是为了奖励学生用的，教学任务完成了，不再（用红五星）对学生进行奖励了，多余的（红五星）确实没用了。于是自己就随口说了句：'没用了，扔了吧！'""您考虑那样说会给学生带来什么样的影响了吗？考虑学生对您那样说有什么感受吗？"该老师说："注意力全在讲课上了，哪有时间考虑这些！"

当我们告诉那位语文教师，学生捡起图片交给老师，她没有做出任何表示时，她竟然非常惊讶地说："上课中有这事儿?!"为了让她确信上课中有这事儿，我们给她看了教学录像。看了之后她又说："当时只是想着上课，太紧张了，没有注意到学生（交给自己的图片）。"

从我们与两个老师的交流中发现，他们明显缺乏关注教学细节的意识，或对教学细节不以为然，或对教学细节习而不察，都"忙着赶教学进度"。他们的教学可谓"任务第一""目中无人"，更遑论发挥教学细节的育人功能了。事实上，正如"课堂结构板块"理论指出的，课堂教学是由一个个"板块"构成的，而每一个"板块"又包含一系列师生互动、生生互动等教学细节。教学细节才是构成课堂教学的"细胞"，所有的课堂正是由一个个教学细节构成的。

课堂教学细节具有细微性、情境性、指示性和教育性等特征，因此，每一个教学细节，恰恰是落实"立德树人"根本任务的有效着力点。"科学教育学的奠基人"赫尔巴特说："教师的每一个行为，即使是看起来最微不足道的，也能获得光彩和真正的价值。"张爱军和张顺清老师认为，教学细节和生活中的细节截然不同，生活中的细节未必都很重要，有时候"不拘小节"是可取的甚至值得赞扬的。但是，一旦进入教育场域，细节就会附着特定的教育意义，来不得半点马虎。很难想象，有什么样的教学情境允许"不拘小节"。

上述两个教学细节中学生的感受也可以印证这一点。我们问小女孩把红五星捡起来交给老师，听到老师说"没用了，扔了吧"有什么感受，小女孩很不好意思地说："要是知道老师这样说，我也不捡（起来）交给老师了。"而且表示，以后"再也不做这种出力不落好"的事情了。问那个交给老师图片的男同学"图片交给老师，老师没有做出任何表示"，他有什么看法时，他说："老师经常教我们要懂礼貌，对别人的帮助要表示感谢。我帮老师捡起图片交给他，他应当对我说声'谢谢'。"我们问他为什么做鬼脸，他说，"有点不满"。试想，假如两位老师不是"忙着赶教学进度完成教学任务"，而是暂时停下来，面带微笑，真诚地对捡起红五星和图片的同学说声"谢谢你"，对学生的影响是怎样的呢？这两个同学又是什么感受呢？

所以，关注教学细节，做好教学细节，是发挥课堂育人主渠道作用的必然选择，是落实"立德树人"根本任务的有效着力点。教师惊天动地的英雄壮举能够震惊学生，而教学细节的温情则更能打动学生。立德树人既需要像殷雪梅、李芳等老师那样在学生危急关头用生命铸就师魂的大义勇为，也需要像斯霞、于永正等老师那样在平凡的教学细节中，用真情关爱学生的润物无声。

三、教学建议

那么，教师如何于教学细节中"立德树人"？我们认为应当做到以下四点：

一是充分认识教学细节的重要价值。教学细节是教学过程中发生的、对教学具有一定影响的最基本教学要素或教学行为，本质上看，教学细节是一种微型"教学事件"。优化教学细节，可化"教学事故"为"教学故事"，使教学更加精彩。因此，教师要重视教学细节的价值。要认识到，教师课堂上每一个教学行为的细微差别，就是专业与业余的分野。也正是这些细节差别，导致了一般教师与优秀教师的区别。成功的教学必定离不开精彩细节，关注细节是提升教师专业素质的必经之路。因此，我们要精益求精，重视教学细节；认真学习，推敲教学细节；扎扎实实，做好教学细节，把"立德树人"根本任务落到实处。

二是培养关注教学细节的敏锐意识。教学细节的特点之一是"细微"，因为"细微"，所以常常不易引起教师的关注。久而久之，教师就会因为对教学细节的忽视而丧失关注意识。因此，教师要把握好"立德树人"这个有效着力点，于教学细节中"立德树人"，自觉培养关注教学细节的敏锐意识。教学细节的敏锐意识可以使我们对教学细节的性质和作用做出正确的判断，从而做出合理的预测。首先，要在日常教学过程中训练对教学细节的感知和把握的能力。教师要学习相关理论。当教师有了系统扎实、丰富的教学细节设计、优化理论并进行自觉的实践时，那么他对教学细节的把握能力、判断能力自然会增强。其次，培养关注教学细节的意识，教师还要加强教学中的观察。苏霍姆林斯基要求："教师上课要把80%的注意力放在观察学生上。"为此，教师要观察学生的参与状态、思维状态、学习状态，特别要学会观察学生的学习细节，如学生是否拿出了学习用具，是否把注意力集中在黑板上，是否按照老师的要求进行记录，等。要用心观察学生的动作与表情，倾听学生的发言，适时鼓励引领，让学生从教学细节中真切感受到老师的仁爱之心、关怀之德，这是教师实实在在的"立德树人"之举。

三是养成反思教学细节的习惯。美国教育家波斯纳说："没有反思的经验是狭隘的经验，至多只能是肤浅的知识。如果一个教师仅仅满足于获得经验而不对经验进行深入的思考，那么即使他是有20年的教学经验，也许只是一年工作的 20 次重复。"为什么不少教师成功经验不能及时总结提炼？为什么有的教师不止一次"在同一个地方跌倒"？原因固然复杂，但和教师缺乏"反思意识行为"不无关系。

因此，教师要经常反思：课堂上学生为什么会"露出微笑"？为什么会"神情紧张"？为什么会"心不在焉"？为什么会搞恶作剧？为什么会顶撞老师？……特别要反思以下教学细节：一是成功的教学细节，如在教学中的"得意之作"或"闪光镜头"，要反思这些细节为什么发挥了很好的育人效果；二是失误的教学细节，如教学内容缺乏趣味性、偶发事件处理不当削弱了教学的教育性等，要反思这些细节为什么失误；三是有创意的细节，如在师生交流互动、思维碰撞中教师冲破预设窠臼产生的"灵感"等教学智慧，学生受教师感染与教师共鸣"突发奇想"产生的独到见解等。对这些教学细节的反思，能够进一步完善教学，真正做到教学相长，立德树人。

四是挖掘教学细节的育人功能。赫尔巴特的"教育性教学"理论认为，所有教学都必须具有教育性，教学不能离开教育。"教育性教学"思想对促进立德树人实践有重要指导作用。教学细节具有很强的育人功能，教师在教育教学实践中发现，"学校无小事，事事是教育；教学无小节，处处能育人"。而教学细节的育人功能需要我们深入挖掘。比如，课堂问候语被我们看成是教学中再小不过的事，但在苏联著名教育家阿莫纳什维利看来，"怎样说'孩子们，你们好！'这是一个重要的教育学问题"。因为，"问候语的特殊语气——令人好感的、和蔼可亲的、慈祥的、激起精神的、交际幸福的语气，怎能不看作是培养人与人之间的爱和信任的一种手段呢？而有时过于严肃、死板，有时声音太高、故意做作，有时应付了事，又会产生怎样的教育影响？"李瑾瑜教授说得好："学校中许多被我们视而不见、习以为常的小事，其实就是大教育。教育的意义就隐藏在学校生活的所有细节中。"因此，教师要深入挖掘教学细节的育人功能，在教学细节中"传道解惑"，在教学细节中感染学生，在教学细节中润泽心灵，在教学细节中立德树人。

高质量教学留白应有"三度"

"留白"是我国绘画艺术的一种表现手法。讲究"密不透风，疏可奔马"，追求空灵，虚中求实，从而达到"虚实相生，无为处皆成妙境"，达到"此处无物胜有物"的艺术境界。教学不仅是一门科学，也是一门艺术，而艺术之间的规律是相通的。把国画中"留白"艺术应用到课堂教学，可以激发学生学习的积极性、主动性，提升学生学习力；可以缓解学生的紧张感和疲惫感，有时间体会、消化、吸收教学内容；可以活跃课堂气氛，营造良好的学习环境；可以优化课堂教学模式，让课堂具有灵动的韵律感和节奏感，提高教学效率，焕发生命活力。诚如苏联著名教育家苏霍姆林斯基所说："教师必须懂得什么该讲，什么该留着不讲，不讲的东西，就好比学生思维的引爆器，马上使学生在思维中出现问题。"恰当的留白不但不会打断课堂教学的进度和教师教学的思路，反而会使教学过程更加连贯有序，提升课堂效率，增强学生学习力。蔡格尼克记忆效应[1]和格式塔心理学[2]的完形组织法则，都说明了教学留白的重要性。

教学留白的重要作用，已经被一线大部分教师充分认可。认为内容较多，课时少，为了赶进度完成既定的教学任务而"满堂灌"，不给学生留思考时间，或太多展现自我，不等学生思考就把答案说出来的现象越来越少了。但是，在教学实践中，关于教学留白的操作有些老师矫枉过正，走向了另一个极端：既然教学留白那么重要，于是在每堂课中都有很多"留白"，让学生去思考去解决，以此体现学生在课堂中的主体地位。深究这些表面上的"留白"，其实是缺乏设计的虚假"留白"，有的留白太难，学生望洋兴叹，不敢思考；有的留白太简单，学生不愿意思考。可见，教学留白不仅要讲究"量"，更要注重"质"，高质量教学留白才能实现其功能。① 什么是高质量的教学留白？笔者认为应有"三度"：

第一，教学留白要适度。留白有激发学生学习兴趣、引起学生独立思考的作用，教学没有留白，教师"满堂灌"肯定会剥夺学生自主学习的机会，堵塞学生思维，打压学生发现问题的积极性，导致学生被动地"要我学"。但这并不意味着教学留白越多越好，如果一节课的留白没有进行精心设计，随意留白，次数过于频繁，反而会使学生疲于应对，最终导致教学重点不能凸显，教学难点不能突破。② 不同的课型应该有不同次数的留白，如新授课、复习课相对多些，作业讲评课、试卷分析课教师讲得可能多些。关键是留白的"质"而非"量"，要关注每次留白是否能够挖掘教学更深层次的东西，能否进一步拓展学生思维，能否培养学生积极主动探索新知的能力。要把握住留白时机，留白于学生最需要的地方、最感兴趣的地方，紧扣教学环节，做到前后连贯。

第二，教学留白有梯度。因为学生存在智力和非智力因素、主观能动性等差异，导致他们的理解能力也客观存在差异。因此，根据因材施教的原则，教学留白要有梯度，体现出一定的层次性。如上所述，留白太简单，学生不愿参与，留白太难学生不敢参与。因此，教师要充分了解学情，弄清楚学生认知发展属于哪个层次，是"已知区""最近发展区"，还是"未知区"，要保持留白的梯度。要杜绝高难度、低思维、少时间的"无效留白"。"高难度"是指教师在留白过程中脱离学生实际，将难度大、不适宜的知识点设计为留白。合适的留白内容并非那些学生伸手可及的，更不是遥不可及的留白，而应该是学生跳一跳才能触及的留白。对于难度比较大又确实需要留白的，教师可以适当运用"问题串""变式"等形式，让学生的学习像上楼梯一样步步提升。③ 对于"低思维"类的留白也要警

---

① 孙晓玲.高中数学课堂教学"留白"艺术的实证探究[D].杭州：杭州师范大学，2017.
② 颜林忠，陈丽芳.教学"留白"不空白[J].教育测量与评价 2010，(12).
③ 蒋昊.课堂教学"留白"策略的思考及实践[J].广西教育学院学报，2011，(6).

惕。那些完全以留白为目的的留白，要求学生机械地重复教师话语，而不能很好拓展学生思维空间的留白都应当合理摒弃。

第三，教学留白有温度。教学留白的根本目的是优化课堂教学，促进学生发展。因此，教师除了注重如何留白以外，还应当为学生充分"填白"创造条件，不能把留白策略仅仅局限于形式上。要让学生的填白有一定的深度，不能一味地为了教学进度或课堂节奏压缩学生的思考时间，教师要有等待的决心，要耐得住寂寞。台湾著名语文教育专家、台湾师铎奖获得者李玉贵老师谈道：

我在大陆上课很紧张，因为只要发言的小孩说得比较慢，只要他说得磕磕绊绊、支支吾吾、断断续续，马上就有十几个尖子生争着举手。这时候，如果老师没有专业自主又喜欢热闹的场面，他就真的会去点其他举手的孩子，还会对原来发言的孩子说一句：下次想好了再说。告诉你，那已经是他这辈子想得最好的时候了。他正在努力搜寻、组织、关联你的话题跟他的思绪的关系，他试图将零碎的思维片断组织成语言来跟大家沟通。但你却因为没有专业直觉而点了别的同学，而且别的同学回答得又快又好。于是，这个小孩就只能得到一个很差的自我印象，尽管老师和同学完全没有恶意，但事实上他会越来越不爱讲话。这就是课堂文化的敏感性。老师带着温暖的心去听去等，这些敏感性就会出现。

教师留白后对学生填白的反馈要有热情，多鼓励，少指责。让学生获得发展的自信心，看到希望和目标。[①] 老师的一个手势、一个眼神、一句充满鼓励的话，可能会让无力举手的学生站起来，使他们重新认识自己。

教学实践表明，课题教学中老师包办代替的越多，学生自由发挥的空间就越小。老师应当给学生留出创新发展、独立思考的空间，变一味地"讲深、讲透"为让学生"悟深、悟透"。因此，就需要在教学上"留白"，让学生想，学生说，学生做，激发学生的求知欲，启迪学生的思维。

最后需要说明的是，教学留白没有固定的"套路"，不可以生搬硬套，也不能把教学留白变成课堂的空白，在留白时间教师一言不发，任由学生

---

① 张莉莉.留白不空 白无声胜有声[J].江苏教育研究，2011，(2).

自由发挥。在教学中切忌把"留白"策略片面地理解为教师无为,"留白"不但没有弱化教师地位,相反,正是教师引导学生进行思维的关键时刻,教师在留白时应该仔细观察学生的表情,认真倾听学生的交流内容,掌握适当时机给学生以合理的点拨,引发学生在更广阔的时间和空间里思考与探究,让学生成为发现者、研究者和探索者,更好地发挥学生主体作用。① 这样才能达到应用教学留白提高学生学习力的目的。留白不是避而不谈,也不是简单省略,更不是避重就轻,而是引而不发,是铺垫和蓄势,是教学智慧的艺术表现。

注释

[1] 蔡格尼克记忆效应

1927年德国心理学家蔡格尼克做过这样一个实验:给予32名被试者22种不同的任务,允许半数完成工作,半数则中途加以阻止,不予完成。允许完成和不允许完成任务的出现是随机排列的。做完实验后,蔡格尼克让被试者回忆刚才做了些什么任务。结果未完成的任务平均被回忆起68%,完成的任务平均被回忆起43%。由此得出这样的结论:人们对于未完成任务的记忆比已经完成任务的记忆保持得更好。这种现象就称作"蔡格尼克记忆效应"。

[2] 格式塔心理学

美国著名心理学家考夫卡认为:当人们在勘察一个不完美的,即有"缺憾"或"空缺"的事物时,会在知觉中不由自主地发展出一种紧张的"内驱力",同时使大脑兴奋、积极地转动,去弥补和改善那些"缺憾"或"空缺",使之渐渐趋于完美,从而达到内心的平衡,获得感受的愉悦。同样的,从美学和心理学的方向出发,适当的"空白"容易使人着急地想"充满"它,使之趋于完美。因此,如果能够利用这种"空白",在课堂中激发学生的潜能,让学生在学习的过程中进行思考、创造,那么课堂将更精彩。(《格式塔心理学原理》)

---

① 胡艳.高中英语课堂教学"留白"艺术[J].池州学院学报,2012,(4).

课堂教学拓展的三个指向
——以中学语文课堂教学为例

语文课堂教学拓展是指语文教学中，师生共同基于教材，根据学生的认知规律和教学目标需要，拓展教材原有素材，延伸学生已有经验，共同构建教学活动的一种教学技能。有效语文课堂教学拓展，能够激发学生学习主动性，开阔学生视野，陶冶学生情操，发展学生个性，提高学生语文素养，培养学生人文精神。然而，当前语文课堂教学拓展还存在脱离文本，舍本逐末、盲目拓展，偏离目标、拓展随意，缺乏情感等问题。究其原因在于教师缺少文本意识、教学目标意识和以人为本的情怀。因此，有效的语文课堂教学拓展应符合三个指向。

首先，指向文本。上海市语文特级教师、华东师大特聘教授陈军老师说："课文是教学之本，课堂的活动都要聚焦课文，拓展的要点是课文，拓展的时空也是课文。"但是，有的教师在语文课堂教学拓展时，不是指向文本，而是指向文本之外。忽略文本中重要的听、说、读、写，导致文本被架空，课堂说教气味浓厚，貌似在教语文，实则是"伪文本"和"泛语文"。因为拓展脱离了文本，所以，语文课被拓展成了政治课、环保课、音乐课、物理化学课、人文地理课……如此拓展，舍本逐末，一堂课下来，只见活动的热闹，不见字词的理解，不见句段的感悟，不见文本的有效阐发、挖掘和共鸣，严重偏离语文轨道。因此，有效语文课堂教学拓展首先应指向文本。任何脱离文本"另起炉灶"的拓展，都是"把语文教成没有语文"的无效拓展。

其次，指向教学目标。教学目标是教学的灵魂，是教学的起点和归宿。任何有效的教学，必然是指向教学目标的。因此，教师在进行拓展设计的时候，必须明白"教什么""怎么教"等问题，教学拓展才能更高效、更有序地开展。但是，有的老师在拓展时"任性"而为，比如，在新课讲授结束后，离下课还有一点时间，就利用剩余的时间进行拓展。剩余时间长，就多拓展一些，剩余时间短就少拓展一些。课前没有设计，拓展随意性大。这种"任性"而为的拓展没有目的，没有准备，必然导致课堂教学"信马由缰"。

再次，指向人文精神。语文新课标明确指出，语文课程的基本特点是工具性与人文性的统一。新实行的部编九年义务教育语文教材在编排上无不彰显人文精神。因此，有效的语文教学拓展应当指向学生人文精神的培育。如学习《祭十二郎文》，可这样拓展：本文的骨肉情深令人动容，请结合自己的见闻，谈谈自己的看法。在讨论中，很多同学谈到了要把握和珍惜亲情、友情、爱情。这样的拓展，使学生的情感体验得到升华，就是有效的课堂拓展。

语文教学中，有效拓展具有积极作用。因此，深受教师欢迎。但为拓展而拓展，逢文必拓展，逢公开课必拓展也是不足取的。拓展得多而杂，学得少而乱；拓展得少而精，学得多而实。因此，拓展次数、难度、时间都要适可而止。

教学"课堂生成事件"的处理原则

"课堂生成事件"能否得到及时正确的处理,会对课堂教学产生截然相反的影响。能否处理好课堂教学中的"生成",是衡量一个老师是否合格的重要标准,是衡量一个老师是否具备教育艺术和教育智慧的重要标准。"课堂生成事件"处理得好,对于学生来说,能够得以"解放",在课堂上得到应有的尊重,学生就敢想、敢说、敢做,积极参与课堂教学,能够使学生对教师产生钦佩、尊重的感情,激发学生学习的热情和积极性;对于教师来说,"有助于教师从生命的高度用动态生成的观念重新认识和组织课堂教学,建立新的课堂教学观……不断地提升自身的理论素养,提升驾驭课堂的教学智慧"[①],对于课堂教学过程来说,可以使"预设"升华,使课堂充满生命的生机与活力。

"课堂生成事件"处理得不好,学生会怀疑教师的专业素质,认为教师低能、无能,认为教师缺乏职业道德修养,对工作不负责任,教师在学生心目中的威信会大大折扣。一个在学生心目中没有威信的教师,在他的课堂上,学生会认真学习吗?在他的教学中,学生会积极参与吗?恰恰相反,学生很可能故意挑起事端,刁难老师,其教育教学效果可想而知。因此,每一位教师都要慎重对待"课堂生成"。

纵观当下的课堂,确实有不少教师能够及时正确处理"课堂生成事件",把"课堂生成事件"演绎成了"不曾预约的精彩",使课堂教学"焕

---

① 李思衡.高中语文教学中预设与生成的辩证关系[J].天津师范大学学报(基础教育版)2012,(2):52.

发什么样的活力"。然而，不可否认的是，也有部分老师不能正确处理"课堂生成事件"，不仅没有把"课堂生成事件"演绎成"教学故事"，反而把"课堂生成事件"恶变成"教学事故"。本文试对"课堂生成事件"产生的原因进行分析，并提出及时正确处理"课堂生成事件"的几条原则。

一、"预设"与"生成"的内涵及其辩证关系

根据方法论的矛盾分析法，我们可以看到，课堂教学是一个充满生命活力的矛盾着的"有机体"。在这个矛盾着的"有机体"中，"生成"与"预设"之间的平衡与突破，是一个永恒的主题。

（一）"预设""生成"的内涵

综合各家观点，我们认为"预设"，即根据一定的教学目标，课前进行的有目的、有计划的教学预测与设计或教学设想与安排，是预先设制的弹性教学方案。预设具有计划性和封闭性，体现了教师的主导作用和对文本的尊重。

生成，即在课堂教学实施弹性教学方案（预设）过程中生发的超出教师预设方案之外的新问题、新情况。生成具有动态性和开放性，正确处理生成事件体现了对学生的尊重。

（二）"预设"与"生成"的关系

课堂教学的预设与生成的辩证关系是指预设与生成作为一对矛盾统一体（因为课堂教学中预设的任务要完成，生成的问题要解决，二者形成了矛盾），是共同存在于课堂教学之中的。① 就是说，课堂教学既需要预设，也需要生成，预设与生成是课堂教学的两翼，缺一不可。"预设"是"生成"的基础，"生成"是"预设"的升华，课堂教学应在预设中生成，在生成中创造。② 预设与生成相辅相成。没有预设的课堂教学是不负责任的教学，常常会造成教学目标不明，教学信马由缰，这样的课堂是"粗糙

---

① 李思衡.高中语文教学中预设与生成的辩证关系[J].天津师范大学学报（基础教育版），2012，(2)：52.

② 韩颖.弹性预设多元生成：打造具有生命力的体育课堂[J].运动，2010，(9)：125.

的、散漫的,也是低效的";而没有生成的课堂教学将是沉闷的、压抑的,这样的课堂缺乏生机与生命的活力,缺乏智慧与灵气,教学效率也不可能是高的。因此,要始终关注课堂的"预设"与"生成","既要重视知识学习的逻辑和效率,又要注重生命体验的过程和质量",用动态生成的理念善待新课改下的课堂教学。[①] 关注课堂的"预设"与"生成",就是关注学生的成长和发展。课堂教学要努力追寻预设与生成的动态平衡。

二、课堂教学"生成事件"产生原因分析

课堂教学中的"生成事件"是教师课堂教学中经常遇到的问题,其产生的原因主要有以下几点。

(一)新课程下课堂教学的开放与互动

《基础教育课程改革纲要(试行)》(下称《纲要》)指出:"改变课程实施过于强调接受学习、死记硬背、机械训练的现状,倡导学生主动参与、乐于探究、勤于动手,培养学生搜集和处理信息的能力、获取新知识的能力、分析和解决问题的能力以及交流与合作的能力。"《纲要》还指出:"教师在教学过程中应与学生积极互动、共同发展,要处理好传授知识与培养能力的关系,注重培养学生的独立性和自主性,引导学生质疑、调查、探究,在实践中学习,促进学生在教师指导下主动地、富有个性地学习。教师应尊重学生的人格,关注个体差异,满足不同学生的学习需要,创设能引导学生主动参与的教育环境,激发学生的学习积极性,培养学生掌握和运用知识的态度和能力,使每个学生都能得到充分的发展。"在新课程理念指导下,课堂教学具有开放性与互动性。学生不再是容纳知识的"容器"或老师任意塑造的"橡皮泥",师生之间的互动、学生的质疑探究成为课堂教学的常态。在这样的课堂上,出现教师没有预设到的事情很可能,也很正常。看下面是一段师生互动,估计老师怎么也想不到"学习不好和怕黑的关系"。

---

① 韩颖.弹性预设多元生成:打造具有生命力的体育课堂[J].运动,2010,(9):125.

案例1

老师：听说你从小就学习不好？

学生：是的。

老师：为什么呀？

学生：因为我怕黑。

老师：学习不好和怕黑有什么关系啊？

学生：因为不敢看黑板。

（二）新课程下课堂教学向生活的回归

课堂教学回归生活加强了教学与生活的联系，而学生在生活中或多或少地积累了一定的经验和相关信息，这些经验和教学相关信息与教师的预设发生"碰撞"时，就可能生成新的问题。

案例2

老师：多位数减法，遇到低位数不够减时，就向高位数去借。

小明：高位数不借怎么办？

案例3

老师讲《圣经》，讲到大洪水把地球上生物全淹死了。

小明问老师：你确定？

老师说：确定。

小明：那鱼呢？

学生在生活中可能遇到过借别人的东西人家不愿意借的情况，也有"鱼淹不死"的生活经验。

有时学生缺少相应的生活经验，也会导致教学中产生"生成事件"。

案例4

在上科学课《用温度计测量热水温度》前，老师认为学生对温度计都很熟悉，而且学生对温度计的使用应该具备一定的生活经验。课上，对于同样的一杯热水，A学生的读数是68摄氏度，这是比较准确的答案。而B学生的读数则是53摄氏度，很明显这个读数是错误的。但是，接下来，B学生的解释却出乎老师的意料。他说："刚刚温度计在空气中是15摄氏度，现在放进热水里是68摄氏度，应该用68摄氏度减去15摄氏度，这样得出的 53 摄氏度才是热水的温度。"

之所以会出现类似错误，并使绝大多数的学生对之抱以很大关注，这与农村学生的生活经验缺乏有一定的关系。温度计对于农村学生来说虽然比较常见。但是，温度计如何读数实际上学生并没有概念或者说是存在着概念混淆①。

案例 5

教师上《绿色蝈蝈》一课时，刚开始上课，就有一位学生举手问："老师，蝈蝈是什么？是不是蟋蟀？"

其实并不是学生故意搞恶作剧，因为他确实没有看到过蝈蝈，提出这样的问题也就不足为奇。

(三) 学生思维的广阔性与深刻性，独立性与批判性、独创性

学生思维的这些品质，使教学不可能完全按照教师的预设行进，会与预设发生"偏离"，产生教师"不曾想到的情况"。

案例 6

生物课上，老师说："心脏一刻也不能停止跳动。"

学生："老师，心脏停跳 10 分钟不要紧吧？"

案例 7

数学课上，老师问："谁能出一道关于时间的问题？"

学生："老师，什么时候放学？"

(四) 教师专业素质较低，缺乏教学机智

在课堂教学中，有的教师的知识面窄，老师不了解的东西可能学生早已了解；有的教师缺乏教学应变能力，面对"生成事件"措手不及或束手无策；有的教师备课不充分，都会产生"课堂生成事件"。

案例 8

那是在登上讲台的第二年。我用了四节课讲完《六国论》，每次课后我都会提醒同学们，课文一定要背会。第五天利用晨读的时间我去检查学生背诵的情况。我先让全体同学齐背一遍，在背诵的过程中，我发现有几

---

① 李鑫.有一种探究来自学生的内在需求[N].中国教育报，2009-8-21-7.

个同学滥竽充数。当全体同学背完后，我开始单独找那几个"钉子户"来背诵，也想同时教训这几个"钉子户"。

我先找张雨来背诵，他只磕磕巴巴地背下了第一段，其余的就不会了。接着找李墨来背，我让他接着张雨背诵的部分背诵，他看了看我说："不会。"听到李墨的回答，我十分生气地说："都是饭桶，四五天了都背不会一篇课文，你们每天都在干什么？"教室里静悄悄的，几乎可以听到每个人的呼吸声。

一转身我看见陈昕，他正悄悄地看着我，他看见我的视线转向他，立即正襟危坐，眼睛盯着桌子一言不发。我一看他桌子上竟然没有语文书，不由得怒火中烧，大声叫道："陈昕，你把课文背一遍！"陈昕噌的一下从座位上站了起来，看了看我，红着脸就把头低下不吱声了。此时的我有点失去理智地对他大吼道："你上课连书都不带，你能背会吗？"陈昕小声地说道："老师，我真的背了，就是背不会，昨天晚上和今天早晨我都背了，但你一叫我，我就什么都不会了。我不是故意不带书，是早晨背完走得着急忘记带了，不信你可以问我妈。"我继续大喊道："哄鬼去吧，上课没书等于上战场没枪，死路一条。就这种态度你能把语文学好，简直是天方夜谭。明天你背不会，休想上我的语文课。"陈昕又小声说道："真背不会。"我根本没理会他的辩解，接着说："背不会现在就出去。""我就不出去，我交学费了，老师你太过分了，古文我真的背不会，每天都让我们背，有什么用呢？更何况这些古文你都会背吗？"他的反驳让我的脑袋"嗡"的一声大了许多，教室里刹那间像凝固了一般，只听见我的心在嘭嘭地跳个不停，汗珠从我的额角上滑了下来。因为我不能确定我能不能熟练地将课文背下来，我从来没有试过。我不知该如何应付，背吧，如果背不好呢？不背吧，陈昕的诘问我如何处理？正在进退两难的时候晨读下课铃响了，班长走到我身边轻声地说："老师，别介意，他就这样，明天我一定让他把课文背会了。"我不知怎样走出的教室，也不知怎样走到了办公室。[①]

[①] 屈红霞，毛春铧.可以这样做班主任[M].上海：华东师范大学出版社，2008.

(五) 教师知识、思维存在"盲点"，学生人多智慧广

学生人数众多，教师只有一个。学生和教师从数量上是一对多的关系，教师没有想到的，可能会有学生想到，老师也是平凡人，不可能掌握所有的知识，就是说，每一个教师都会有"知识盲点"或"思维盲点"，这些都是产生"课堂生成事件"原因。

案例9

老师："猪是一种很有用的动物，它的肉可以吃，它的皮可以做皮革，它的毛可以做刷子，现在有谁说得出它还有其他用途吗？"

"老师，"小明答，"它的名字可以骂人。"

案例10

老师："谁要是能答出我问的下一个问题，就能直接下课回家。"

小明当即把书包往窗外一扔。

"是谁扔的？"

"我扔的！那我回家了啊……"

三、教学中的生成事件的类型及处理原则

针对教学中的生成事件产生的原因，笔者认为可以依照如下处理原则。

(一) 关注学生原则

教师课堂教学关注度是影响教师把握和处理生成事件的重要因素。假如一个教师"在教学中更多关注的是教案的执行情况，学生充其量只是配合教师表演的'道具'而已，那么，他的眼中就根本看不到任何可利用的生成资源，也就不能容忍学生的任何一个'旁逸斜出'"[①]。正如叶澜教授所说："教师只要思想上真正顾及了学生多方面成长，顾及了生命活动的多面性和师生共同活动中多种组合和发展方式的可能，就能发现课堂教学具有生成性的特征。"

(二) 因势利导原则

这里的"势"是指"生成事件的现状"，即课堂的"此时此刻""此

---

① 任卫兵.教学生成来自教师一生的积淀[N].中国教育报，2009-8-21-7.

情此景"。教师要根据课堂的"势"进行引导,而不能"刻意追求生成,违背生成的规律",或者"缺乏有效引领,导致学生无所适从"。

案例 11

《滥竽充数》教学接近尾声,教师再次要求学生对南郭先生进行评价。有一位学生站起来,表达了一个与众不同的观点:"我觉得南郭先生其实也很聪明的。"教师感到有些意外,情不自禁地追问了一句:"为什么?""南郭先生虽然不会吹竽,但吹竽的动作装得像模像样,这么长时间都没有被人发觉,不是很聪明吗?"教师表扬道:"听你这么说,老师也觉得有些道理。谁还赞同这种看法呢?""南郭先生很会利用机会,他看准了齐宣王喜欢听大伙儿合奏的机会,混了进去,很聪明。""南郭先生很知趣,一看齐湣王的爱好同他父亲不一样,喜欢听独奏,就非常及时地离开了,避免了出洋相。""南郭先生知道自己的底细,还能顾全大局,不争着出风头。"教师若有所思地回答:"想不到同学们有这么独特的理解,让老师也觉得耳目一新!"于是转身在黑板上写下了"聪明"两字,学生就接受了"南郭先生很聪明"的结论。[①]

（三）集思广益原则

如上所述,教师知识、思维存在"盲点",而学生人多智慧广,因此,在处理生成事件时,教师要充分开发利用学生的智慧资源。

总之,处理好课堂生成事件,是课堂教学艺术性的一种体现,是取得良好教学效果的重要环节,不仅是知识、技能的问题,其背后还隐藏着一定的社会问题,即正确处理课堂生成事件,能够促进学生的健康发展;反之,可能给学生的发展留下心理阴影。因此,教师必须认真对待。

---

① 新课标案例分析题[EB/OL].http://wenku.baidu.com.

生成是课堂教学的"点睛"之笔
——冯青林老师《概率初步复习》一课生成事件的处理分析

2014年11月5日上午,我们听了周口八中冯青林老师执教的《概率初步复习》一课。冯青林老师这节课有很多亮点。比如,上课前问学生:大家发现我们教室今天与平时有什么不同吗?这是运用注意规律消除新异刺激,缓解学生的紧张情绪,为学生下面的轻松学习奠定心理基础。再者,他的教学语言也比较规范,基本没有语病,板书漂亮,教态自然大方,始终面带微笑,富有亲和力……在这节课诸多的"亮点"中,笔者认为最有"点睛之笔"的,则是课堂教学中冯老师对"不曾预约"的"生成事件"的处理方法。所谓"生成事件",即在课堂教学实施弹性教学方案(预设)过程中生发的超出教师预设方案之外的新问题、新情况。[①] 冯老师说,他在上课前"根本没有想到××同学会到前面来做题",而"××上周还找冯老师,说要退学"。冯老师对教学中这个"根本没有想到"的生成事件是如何把握和处理的?这样处理有何积极意义?冯老师为何能够及时把握和正确处理生成事件?给我们带来什么样的启示?这里抛砖引玉,谈谈自己的一孔之见,以求教于大方之家。

---

① 李思衡.高中语文教学中预设与生成的辩证关系[J].天津师范大学学报(基础教育版),2012.(2):52.

一、生成事件的过程回放

这是一节数学复习课,因此冯老师预设了"复习知识,回顾方法"环节。这一环节有4道练习题,其中第4题是:

问题4

(1) 如图所示是4张质地相同的卡片,将卡片洗匀后,背面朝上放在桌面上。

①求随机抽取一张卡片,恰好得到数字2的概率;

②小贝和小晶想用以上4张卡片做游戏,游戏规则见信息图。你认为这个游戏公平吗?请用列表法或画树状图法说明理由,若认为不公平,请你修改规则,使游戏变得公平。

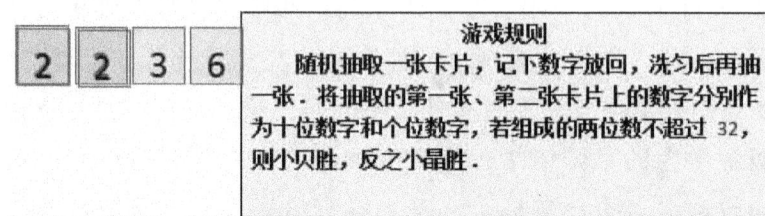

前面3道练习题冯老师分别请3名学生上前演板。当冯老师询问哪位同学愿意到前面做第4题时(冯老师正准备指名),一个男生主动走到黑板前,写下了问题的答案。

二、生成事件的把握和处理

这是一个"不曾预约的精彩",是一个老师没有预设到的"生成"事件。冯老师是如何把握和处理的呢?冯老师说:

我感到很意外,我上课前根本没有想到××会到前面来做题,当时我正准备让其他学生上前做这道题,没想到××会主动到讲台上做题。看到××主动到讲台上做题,我感到这是一个很好的教育学生的机会,所以,在引领学生评价了这个男生的解题结果后,我就说了下面的话:(根据课后与冯老师交流时的谈话记录整理)

同学们,××上星期还找我,说不上了,要退学,但是经过老师的劝导，他又来到了学校，而且今天又主动上来演板。大家看这道题做的，完全正确，让我们给他以掌声！"

我们可以观察到，冯老师这段话是发自内心的、充满真挚感情的表白，而不是敷衍了事的、流于形式的应付。

三、及时把握和正确处理生成事件的意义

××同学出乎老师意外，主动到讲台演板，冯老师敏锐识别和把握住了这个生成事件，体现了教书育人的真义和新课程理念的要求，彰显了教师的教育智慧和艺术，使课堂教学有"气质"，可称本节课的"点睛"之笔，具有积极的意义。

（一）对这个生成事件的正确处理体现了新课程理念要求

《国家基础教育课程改革纲要》指出："改变课程过于注重知识传授的倾向，强调形成积极主动的学习态度，使获得基础知识与基本技能的过程同时成为学会学习和形成正确价值观的过程。""建立促进学生全面发展的评价体系。评价不仅要关注学生的学业成绩，而且要发现和发展学生多方面的潜能，了解学生发展中的需求，帮助学生认识自我，建立自信。发挥评价的教育功能，促进学生在原有水平上的发展。"

冯老师在教学中不只注重传授知识，而且注重帮助学生树立正确的学习态度。当冯老师发现学生"不想上学"时，"跟他谈了好长时间"。尽管我们不知道冯老师和学生谈话的具体内容，但从学生"要退学到主动上来演板"的变化来看，这正是学生学习态度由被动到主动转变的表现。

"大家看这道题做的，完全正确，让我们给他以掌声！"当学生听到老师这样的鼓励，学生会有怎样的感想，尚需我们进行追踪访谈。但可以肯定的是，冯老师的鼓励，在"帮助学生认识自我，建立自信"方面有着积极的意义。这个学生为什么不想上学了？固然有很多原因，"对上学失去了信心"应当是一个主要原因。古人云："哀莫大于心死。""大家看这道题做的，完全正确。"这让学生感到，"我只要努力，也能学会"。（如果能够对这个学生追踪访谈，让他谈谈此时的感受，补充到这个地方可能更有说服力。）

（二）老师对学生的鼓励，让学生找回了失落的自信

如果冯老师对这个学生"主动上来演板"熟视无睹，就会错过"帮助学生认识自我，建立自信"的良机。心理学研究表明，每一个人都有成功需求。但是，由于受"以分数论英雄，以名次论成败"的评价观的影响，后进生的这种成功需求被我们忽略了。取而代之的，是教育者的成功需求——我教的学生考试分数高，就是我的成功。在教育者这种畸形成功需求的束缚下，后进学生的自信慢慢凋谢，"孩子的潜力慢慢沉寂，并出现'假死亡'状态——心死，即对未来希望的破灭。冯老师关注学生的成功需求，让学生找回了失落的自信"。教师的根本任务是教书育人，很好地处理了教书和育人的关系，对学生的人格健全无疑具有积极意义。

（三）对这个生成事件的正确处理彰显了优秀教师的教育智慧

"教学就是即席创作"，优秀教师一个重要的教学品质就是具有"即席创作"的能力。这种"即席创作"的能力，是一个教师综合素质的体现，是一个教师教育智慧的体现，是一个教师教学艺术的体现。俄国教育家乌申斯基说："不论教育者怎样地研究教育理论，如果他没有教育机智，他不可能成为一个优秀的教育实践者……"冯老师面对生成，娴熟应对，显然是具备"即席创作"教学机智，因此，实现课堂才有了画龙点睛的生成。所以，我们可以借用罗丹的一句名言："生活中并不缺少美，只是缺少发现美的眼睛。"我们完全可以说：中小学教师并不缺少教学艺术，而是缺少发现教学艺术的目光。教学并不神秘，它就蕴藏在我们中小学教师的常态教学中，冯老师面对"上课前根本没有想到"的生成事件的"即席创作"——及时把握和正确处理，不正说明了这一点吗？

（四）对这个生成事件的正确处理使课堂教学更有"气质"

气质是"通过人们处理问题、相互交往所显示出来的，具有个人典型的心理特点"。课堂是有生命力的，因此，正像有生命力的人一样，不同的人有不同的气质，不同的课堂也有不同的"气质"。有的课堂"气质"是"教师一言堂"，课堂"粗糙、散漫、低效"。冯老师这节课，虽然不是"手臂林立，答声四起"，但却有其独特的"气质"：以"《概率初步复习》"的教学为基因，以"关爱学生"为情怀（从课堂教学现场可以看到，冯老师在教学中对学生始终是微笑的。没有对学生的真正关爱，一个老师是不可能在一节课上始终这样微笑的），以"培养学生自信心"为旨归。这种"课堂气质"是需要砥砺炼、需要真情的，不是"心向往之"就能"一蹴而就的"。对生成事件的及时把握和正确处理，"升华"了预设，是一种重要的教学智慧。

四、及时把握和正确处理生成事件的原因分析

冯老师面对教学中这个"根本没有想到"的生成事件，为什么能够及时把握和正确处理的，使之成为这节课的"不曾预约的精彩"？笔者认为可能有以下几个原因：

（一）"以人为本"的学生观

"关爱学生"是教师职业道德规范的核心，是教师的天职。教师如何关爱学生呢？不同的教师有不同的回答。有的教师喊在嘴上："孩子们，我真的真的很爱你们啊！"但是"只见打雷，不见下雨"，所以才出现"90%以上的老师都断言自己爱学生，而只有不到40%的学生能感受到老师的这种爱"。[①]"口气比力气大"正是这些老师的写照。有的老师关爱学生，并不见他"振臂高呼"，他用行动做给学生看，他知道"爱在沟通，但更在行动"！他深信在关爱学生方面，"一万句高呼也抵不上一个实际行动"。冯老师显然是这样的"真正爱学生的老师"。

---

① 2020年暑期周口市某区教师师德专题培训班上，笔者课堂上对参加培训的106位小学教师进行了一次问卷调查，其中有这样一个问题：您认为自己关爱学生吗？结果，96位教师回答"非常关爱"，7位回答"比较关爱"，3位回答"不太关爱"。从中可以看出，认为"非常关爱"，和"比较关爱"学生的教师所占比例高达97.2%。

2020年，笔者到该区这些教师所在的小学，对五年级的76名小学生也进行了一次问卷调查，其中有这样一个问题：你感觉到老师对你的关爱了吗？结果感觉老师"非常关爱自己"的有16人，感觉老师"比较关爱自己"的有26人，感觉老师"不太关爱自己"的有34人。感觉老师"不太关爱"自己的学生占该班学生的44.7%。换言之，44.7%没有感受到老师的关爱。

××要退学，冯老师"跟他谈了好长时间"。学生做了题以后，冯老师告诉大家："上星期还找我，说不上了，要退学，但是经过老师的劝导，他又来到了学校，而且今天又主动上来演板，大家看这道题做的，完全正确，让我们给他以掌声！"这说明了什么？说明了冯老师切实把学生放在了教学的第一位，试想，如果"××要退学"，冯老师不是"跟他谈了好长时间"，而是听之任之，教学中还会有这个"画龙点睛"之笔吗？

（二）敏锐识别和把握生成资源的意识

冯老师面对一个"上一周还要退学的学生""今天又主动上来演板"，迅速地判断出这个"生成事件"是很有价值的（根据课后与冯老师交流时的谈话记录整理）：

"看到××主动到讲台上做题，我感到这是一个很好的教育学生的机会。"

同时，及时把握住和利用了这个生成资源并进行即时评价："大家看这道题做的，完全正确，让我们给他以掌声！"

（三）具备一定的教学机智

"生成是教学对话情境下师生知识、能力、情感态度的超越性获得或发展，这种获得和发展的最关键因素是教师的智慧，它仿佛是足球场上的临门一脚。"这种智慧就是马克思·范梅南所说的"教学机智"，是教师在教学中应对和处理"生成事件"时的一种随机应变。课前，冯老师并没有预料到××"今天主动上来演板"，这个学生做过题之后，冯老师没有按照原来的教学思路进行："当时我正准备让其他学生上前做这道题，没想到××会主动到讲台上做题。"而是及时捕捉住了这个教育契机，这说明冯老师具有场上"临门一脚"的教学机智。

五、若干启示

冯老师本节课的"画龙点睛"之笔，为我们如何及时把握正确处理课堂教学生成事件提供了以下启示：

（一）教师要有学生意识

所谓学生意识，即发自内心地热爱学生。可以想象，一个"目中无人"即心里没有学生的老师，对教学中的生成事件很可能熟视无睹，或者"无情打击"，更遑论教学机智了。

（二）教师要有敏锐识别和把握生成资源的意识

教师对课堂生成事件，要敏锐识别和判断是良性的生成事件还是恶性的生成事件（抑或是价值冲突事件），并根据生成事件的性质采用不同的应对措施。

（三）注意培养自己的教学机智

首先，教师要不断学习；其次，要注重主动反思；再次，要勇于积极实践。

（四）养成写研究日志的习惯

想出来未必能说出来，说出来未必能做出来，做出来未必能写出来；但写出来一定能说出来；所以要写。写研究日志不仅能提高写作能力，而且能够促进自己反思，不断实现自我超越。

拖堂缘何成为"打不死的小强"

拖堂确实是一个老话题，早在1985年，孙逊老师就在《人民教育》1985年第3期发表了《拖堂是得不偿失的劳动》一文。笔者在知网上检索相关文献发现，33年来，每年都有教育理论研究者和一线教师探索拖堂问题的解决之道，2008年9月4日教育部还颁布了《中小学学生近视眼防控工作方案》，其中第二部分"工作措施"明确要求："保证小学生每天睡眠10小时，初中学生9小时，高中学生8小时。""切实减轻学生课业负担。改进教学方法，提高课堂教学的质量和效率，切实做到不拖堂。"但是，时至今日，拖堂仍然屡禁不止，马秀萍老师对147位小学生的调查发现，经常拖堂的教师占10.2%，偶尔拖堂的占88.4%，从不拖堂的占1.36%。[1]存在"再等两分钟，马上就讲完"的"小拖"，5分钟后还在讲的"中拖"，下课铃声响后开始讲语文总结、班级秩序、学校规定的"全拖"，拖堂似乎成了"打不死的小强"，何也？

从学校层面来说，是领导对拖堂危害认识不足，甚至存在错误的认识。笔者检索45篇研究拖堂问题的文献发现，大家一致认为拖堂有诸多危害。马秀萍老师对147位小学生关于教师拖堂的态度调查结果是，喜欢教师拖堂的仅占10.6%，而不喜欢教师拖堂的则高达占89.4%。[2]笔者在微信上对39位校长进行了调查，对教师拖堂持"赞成"态度的有12位，约占校长总数的30.8%；持"反对"态度的22位，约占56.4%；持"无

---

[1] 马秀萍.对教师"拖堂"的理性思考[J].中国教育学刊，2013，(A3)：9.
[2] 马秀萍.对教师"拖堂"的理性思考[J].中国教育学刊，2013，(A3)：9.

所谓"态度的5位,约占12.8%。和研究者一致反对、绝大部分学生不喜欢老师拖堂相比,赞成老师拖堂的校长比例显然高得多。有的学校领导不仅没有认识到拖堂是课堂教学的"顽疾",反而误认为这是教师责任心强的表现;老师上课迟到、接打手机、缺课,校长认为是教学事故,采取"零容忍",对教师拖堂则认为"不是个事",没必要"小题大做";对教师拖堂不仅不用制度加以规范,反而置若罔闻、默许甚至提倡。"吴王好剑客,百姓多疮瘢。楚王好细腰,宫中多饿死。"既然领导默许,教师怎会"收手"?怎不拖堂?

从教师层面来看,由于领导默许,形成拖堂的"剧场效应"。"剧场效应"是指大家在剧场看戏,每个人都有座位,都能看到演员的演出。忽然,有一个观众站起来看戏(可能是为了看的更清楚,也可能因为身高较矮),周围的人劝他坐下,他充耳不闻。求助剧场管理员,管理员却不在岗位。于是,周围的人为了看到演出,也被迫站起来看戏。最后全场的观众都从坐着看戏变成了站着看戏。先站起来看戏的人在短时间内看的更清楚了,等到大家都站起来了,所有人看的效果和原来几乎相同。只是,所有人都成了站着看戏,所有人都更累了。所有人,比原来付出了更多的体力成本,得到了和原来一样的(甚至更差)观剧效果。更悲剧的是,虽然大家都更累了,但不会有任何人选择坐下来看戏。因为,谁选择坐下来,谁就什么也看不到。相反,还会有人开始站在椅子上看戏,引发更多的人也站在椅子上看戏。于是,一种空前的奇观出现了,某处的椅子不是用来坐的,而是用来站的。结果,破坏秩序的人没有得到持久的收益,而遵守秩序的人则是受害者。表面上,要怪那个破坏秩序,先站起来的观众,是他,首先破坏了秩序。实际上,真正的责任人,应该是剧场的管理员,毕竟,他是秩序维护者[①]。"剧场效应"对拖堂起到推波助澜的作用以至于在教学中泛滥成灾。

从教师层面看,拖堂根本原因是教师备课不充分,教学缺乏精心设计,缺乏扎实的教学基本功。众所周知,备好课是教师上好课的前提。如

---

① 无法回头的教育末路[EB/OL].http://www.sohu.com/a/254124394_227820.

果教师在备课时对学情不了解，不清楚学生的"最近发展区"，教学就会脱离学生实际情况，影响正常教学进程。可是本节课的教学任务还要完成，于是就只好拖堂。另外，教学缺乏精心设计，如课堂导入时间过长，教学目标设计不明确、教学时间分配不合理等，"有料"的地方滔滔不绝，上课"跟着感觉走"，课堂前松后紧，下课了重点还没讲，拖堂自然不可避免。还有的教师缺乏扎实的教学基本功，如教学语言啰嗦，该三言两语讲清楚的内容五句话还说不明白；板书能力太差，额外占用教学时间；对偶发事件应变不力，或处理不当，浪费时间，影响教学正常进行。

如何解决拖堂"小强""死而复生"的问题？

首先，从学校层面，一是校长要从学生健康成长、学校发展的高度认识拖堂的危害，如教师拖堂打破了正常的教学作息时间，影响正常教学秩序；影响同事关系和师生关系；拖堂挤占学生课间休息时间，影响学生身心健康；拖堂降低课堂教学效率，影响课堂教学质量。[1] 要认真落实教育部《中小学学生近视眼防控工作方案》中的两个"切实"，即"切实减轻学生课业负担"，"切实做到不拖堂"。制定合理的监管制度，像抓上课迟到、接打手机、缺课那样，严肃处理拖堂行为。二是学校领导要从教学病理学角度对待拖堂行为。教学病理学认为，"教学疾病"是教学中教师思想系统和行为系统的疾病，会危及师生身心健康，破坏教学规范和教学系统的正常机制，它主要不是造成直接的肉体损伤，而是造成间接的学生身心发展的延缓与阻碍。[2] 凡是危害学生健康成长的教学行为都是"教学疾病"，都应当针对其"病理"，采取有针对性的"药物"和诊治手段。三是学校领导要更新教育教师的教育观念。表面看，拖堂似乎只是占用了学生的几分钟休息时间，实际上反映了教师教育观念的错位。有的老师认为"上抢5分钟，下拖5分钟，多上10分钟，考试如神通"。要杜绝拖堂行为，学校就要组织教师认真学习教育、教学理论，转变教育观念，以人为本，为学生健康成长创造良好的条件。四是借鉴成功的治理拖堂经验。上

---

[1] 睢瑞丹.拖堂现象几时休[J].剑南文学(经典教苑)，2012，(10)：245.

[2] 石鸥.教学病理学[M].长沙：湖南教育出版社，1999：30-32.

海市八中的下课铃声改革经验就值得借鉴。学校的下课铃声由原来一分钟的音乐铃声，变成"预警（15秒）—缓冲（20秒）—下课（25秒）"的三段提示。校长卢起升说，拖堂是一大"顽症"，老师们听得耳朵都起茧了，但治疗效果往往不佳。但是，三段式铃声折射出了管理者的教育智慧，兼顾师生双方的感受，体现了对教师的尊重，带来了教师准点下课的大变化，拖堂现象在该校已经"绝迹"。

其次，从教师层面，一是要认真备课，精心设计教学过程。教师备课时不仅要钻进教材，更要研究学生。要精心设计教学过程，比如学习目标设计要明确、具体、可操作，避免教学目标的随意性、模糊性，教学中有的放矢。二是练就过硬的教学基本功。如教学语言要规范、精练、准确、通俗易懂，语速适合学情需要，提高板书速度，把握好教学节奏等。三是培养自己的规则意识。即使学生要求拖堂，即使还没有讲完，教师也要按时下课。给学生留一个"欲知后事如何，且听下回分解"的悬念。按时下课是教学规则，师生都应遵守。如同球赛，终场哨声一响，球赛即告结束。教师应坚决执行教学规则，即使没有讲完，也要果断终止。这既是尊重自己，也是尊重学生。所以，教师要有规则意识，给学生做出遵守规则的表率。四是训练自己的应变能力和课堂调控能力。教案犹如编写好的剧本，课堂则是未经排练的演出。演出能否成功，取决于"演员"——学生是否投入。而关键是"导演"——上课的老师是否有应变能力，是否能灵活调控教学过程。[①] 叶澜教授说："课堂应是向未知方向挺进的旅程，随时都有可能发现意外的通道和美丽的风景，而不是一切都必须遵循固定路线而没有激情的行程。"因此，教学不可能按照预设行进，教师应根据课堂生成情况，灵活调控教学。

---

① 潘洁菁.做一个不拖课的老师[J].科学大众(科学教育)，2017，(3)：55.

好作业需要精心设计

陕西省教育厅日前发布《关于加强义务教育学校作业管理的通知》，对教师布置作业行为做出规范，主要内容包括要求教师布置作业不得超越课程标准、教学进度，不得超越学生能力布置集体性学生作业；积极推行"无作业日"；杜绝作业内容和形式"繁、难、偏、旧"，杜绝机械重复性作业，杜绝以增加作业量的方式惩罚学生，杜绝过度要求家长参与学生作业的完成与批改；教师不得要求家长批改教师布置的作业或纠正孩子的作业错误，不得布置要求家长完成或需要家长代劳的作业等。

作业是课堂教学的延伸，是教师驾驭教学能力的体现，是教师教学设计与运用能力的重要方面，是学生巩固、运用知识的手段之一，是促进学生发展的手段之一。因此，上述作用，最关键的是要对作业进行精心设计。然而，笔者走访某社区20个1~6年级的小学生发现，4~6年级的12个孩子，9个孩子（占60%）每天做作业的时间在1.5小时以上，3个孩子（占20%）每天做作业的时间超过2.5小时，8个1~3年级的孩子写作业时间平均1小时左右。而早在1988年，教育部（原国家教育委员会）印发的《关于减轻小学生课业负担过重问题的若干规定》、1993年3月《关于减轻义务教育阶段学生过重课业负担、全面提高教育质量的指示》1994年11月《关于全面贯彻教育方针，减轻中小学生过重课业负担的意见》，2000年1月教育部《关于在小学减轻学生过重负担的紧急通知》都明确要求："一年级不留书面课外作业，二、三年级每天课外作业量不超过30分钟，四年级不超过45分钟，五六年级不超过1小时。"对照这些要求可以看出，孩子的作业量的确是很大的。

为什么会出现孩子作业量大大超过减负规定要求的情况？

一方面和教师的作业观有关。有的老师认为，作业是学生巩固知识的手段，"熟能生巧"，"多多益善"。在这种作业观的支配下，老师们竞相多布置作业，唯恐自己布置的作业少了，学生在自己教的课程上投入的时间少了"吃亏"，以至于形成了教学的"题海战术"文化。曾经的高考口号"只要学不死，就往死里学"，现在竟然成了小学教师的圭臬。

另一方面，孩子作业量超大，最关键的是教师对作业缺乏设计。由于作业缺乏设计，导致教师布置作业具有随意性、盲目性、机械重复性，甚至出现各种"奇葩"作业。如"数一亿粒米"的作业、动辄让抄写几十遍课文的作业等。网上曾经有家长爆料，因为孩子上课老是不积极主动，老师让孩子抄写《小桥流水人家》20遍。《小桥流水人家》是一篇散文，全文654字，抄写20遍就是13080字。一般情况下，人们每分钟可以书写50个字。写完13080个字需要261.6分钟，即4.36小时！调查发现，作业内容1~6年级学生作业近半数来自教科书，20%的作业来自练习册，25%来自老师让统一购买的课外资料，5%来自老师自己设计的。笔者走访中发现，从作业形式看，90%以上的是书面作业，实践作业和其他形式作业不足10%。从作业数量上，有的小学二年级语文老师布置的作业量也令人吃惊：《精彩的马戏》一课，11个生字加注音，每个写20遍，去掉注音后再写10遍，组词再写10遍。

有研究表明，作业量过大是学生学业负担过重的"罪魁祸首"。针对学生学业负担过重问题，近20年来，我国关于中小学生"减负"的文件不下十几份，《国家中长期教育改革和发展规划纲要（2010—2020)》中，甚至把"减负"列入中长期规划！但是减负的效果并不尽如人意，就像梁国祥在文中写道的："几乎所有旨在'减负'的改革，非但无效，而且还给学生增添了新的负担。中国人一'减负'，上帝就要发笑。"还有人戏言"爷爷上学的时候就有'减负'，到了孙子上学的时候，依然还在'减负'"！人们感慨：课业重压下的中国孩子真让人心疼！笔者认为，解决作业量过大问题，必须规范教师的作业设计。

首先,教师要树立正确的作业观。要认识作业不仅是巩固知识的手段,更是促进学生发展的手段。因此,作业必须以促进学生发展为旨归。引导教师加强作业设计,纠正作业"多多益善""熟能生巧"的片面认识,树立"物极必反""多会生厌"的作业观,杜绝简单地从教科书或练习册中挑选一部分,用"拿来主义"的方式,让学生"照单全收"抄写作业的做法。

其次,学校要制定"好作业的评价标准"。陕西省教育厅日前发布《关于加强义务教育学校作业管理的通知》对"好作业的评价标准"提出了一些原则要求,笔者认为还应当从作业的内容、形式、数量、质量方面更加具体化。好的作业内容要符合课程标准和教学目标的要求,形式要多样化、个性化,激发学生探究的欲望,满足学生体验的乐趣。不仅有量的规定,更要有质的要求。从量的方面,具体规定不同级段、不同学科的作业数量;从质的方面,尊重学生个体差异,设计处于不同层次的作业;杜绝传统的作业"大一统"(统一数量、统一要求、统一内容、统一标准),"一刀切"的做法。加强对学生的了解,从学生学情出发,针对学生的差异,设计适宜于不同基础学生的作业。

第三,加强作业设计的研究。教育部门要把教师作业设计存在的问题作为一个重要课题,组织理论工作者和一线教师开展研究,对教师作业设计技术进行分析,及时反馈作业设计研究成果,把研究成果转化为教学的"生产力",帮助教师设计出促进学生发展的"好作业",切实促进学生的发展。

作业评语要有"教育性"

习近平在全国高校思想政治工作会议上强调，要坚持把立德树人作为中心环节，把思想政治工作贯穿教育教学全过程，实现全员育人、全方位育人、全过程育人。① 然而，在"三全育人"实践中，大部分老师非常重视在课堂教学这一主渠道中融入课程思政，重视知识传授中的价值引领，重视学科教学等显性课程中的教书育人，而对教学后的作业批改中如何实施课程思政则很少思考，更遑论付诸行动了。事实上，作业批改是教学的一个重要环节，作业评语是作业批改的重要方式。作业评语"不仅能清晰地揭示教师教学和学生学习过程中存在的症结，还能反映教师所持有的学生观、教育观，对促进学生成长有着重要意义"。教师通过作业评语肯定学生作业中的优点，指出学生作业中的缺点，把教师的人文关怀表达出来，不仅能够改变学生的学习态度，还能增强学生的学习情感，指导学生思考人生，树立理想，学会做人。因此，作业评语要有"教育性"。

"科学教育学的奠基人"德国教育家赫尔巴特在其代表作《普通教育学》中，明确提出了"教学永远具有教育性"的规律。所谓"教学永远具有教育性"，就是指所有教学都必须具有教育性，教学不能离开教育。② 根据这一规律，教师在所有教学环节都应当"具有教育性"，对学生作业中的不良思想或"三观错位"现象，自然要及时进行教育，而不是置若罔闻，无动于衷。

---

① 邱伟光.课程思政的价值意蕴与生成路径[J].思想理论教育，2017，(07)：10.
② 赫尔巴特.普通教育学[M].李其龙译.南京：江苏教育出版社，1990.

具有"教育性"的作业评语,体现了"以人为本"的教育理念,可以弥补传统评语单调生硬、枯燥乏味、主观武断等不足,充满教师对学生的希望,能使学生感受到教师关切,能使学生的心灵受到启迪;可以开阔学生的视野,激发学生的潜力,培养学生的思维能力和学习习惯。有利于架起教师与学生之间心灵的桥梁,"促进师生之间的交流沟通,调动学生的学习积极性,促进学生学习",很好地发挥作业的思政功能。

作业评语要有"示范性"

教师的劳动具有鲜明的示范性特点，所谓"学高为师，身正为范"。"其身正，不令而行；其身不正，虽令不从"。学生通过教师的作业评语，可以"看见"老师的工作态度是认真负责的还是敷衍了事的，是专心致志的还是心不在焉的，是一丝不苟的还是马马虎虎的，是精益求精的还是粗枝大叶的……

有一个毕业生在给我的信中这样写道：

老师好，您认真负责的工作态度是最大的魅力，让我为之感动。我们学习的其他课程，没有老师为我们的作业写过评语，这些老师倒不是不批改作业，只是批改的符号、结论都是那么"惊人的相似"，都是"优秀""良好"等，或者给个分数，写上日期。没有想到，您竟然给我们的作业写评语！您不仅每次批改作业都有评语，而且评语是那么的"精准"，那么的击中我的"要害"。甚至连我名字中"男"字的笔画错误也没有逃过老师对学生负责的双眼，并用红色的笔给我圈画出来，写上正确的写法，我真的被深深地感动了。大学生涯3年之久，第一次见到有一个老师这么认真负责，像中小学老师那样给我们改作业、写批语。"榜样的力量是无穷的"，不久之后我也要当老师，在我的为师之路上，我也一定像您一样为学生的成长负责。在课堂上，我还积累了您的很多"金句"："当你感觉学生最不值得爱的时候，其实是他最需要爱的时候。这个时候老师给他所需要的爱，爱就能够产生奇迹。""教师工作需要热情，但仅仅有热情还是非常不够的；要让教师的热情产生促进学生发展的积极作用，就要把热情建立在了解学生的基础上。""酸甜苦辣都有营养,成功失败都是收获。贵在参与。""事临头三思为妙,怒上心冷静为高。""'家长、老师为学生好',学生为什么不买账?主要是因为家长和老师给学生的'好'并不是学生需要的'好'。学生饿了,你给他一件毛背心,还说是名牌,非要他穿上,学生怎么会领情?"这些"金句"在我今后的教师道路上会时时指引着我……

可见,作业评语是最鲜活的教育素材,是最有力的教育榜样。教师写好作业评语是对学生的最好"示范",也是对学生进行教育的有效方式。

线上教学作业评语要体现"个性化"

在防疫背景下，为了维护广大师生的健康，各学校积极进行线上教学。众所周知，线上教学和线下教学各有优劣。和线下教学相比，线上教学存在畅通性不够、看不到学生、互动性不足、无法进行情感交流、教师对学生"鞭长莫及"的短板。如何补齐这个短板？撰写"个性化"的作业评语是解决问题的有效途径。

一、"个性化"作业评语的意义

作业评语是教师对学生作业做出的总结或评价，是教师对学生评价的一种形式，是教学不可或缺的重要环节，它不仅能清晰地揭示教师"教"和学生"学"的过程中存在的症结，还能反映教师的学生观、教育教学观，对促进学生成长和教师发展都有重要意义。[①] 好的作业评语不仅要有导向、激励、启发功能，而且还应当具有"个性化"色彩。

所谓作业评语有"个性化"，就是教师对每个学生的作业评语都要有与他人评语不同的独特性。研究表明，评语的个性化是评语撰写的瓶颈。[②] 突破这个瓶颈，为每个学生的每次作业写出"个性化"的评语，既可以弥补线上教学畅通性不够、互动性不足的短板，又可以促进教师专业发展和学生的健康成长。

每个学生都是独特、能动的、发展中的人，客观存在个体差异性。马

[①] 段雯晴.小学语文教师作业评语特点调查[J].科教文汇，2014，(07)：169.
[②] 邱淑慧.班级管理与班主任工作技能[M].广州：暨南大学出版社，248.

克斯·范梅南要求教育者"时刻要注意孩子的独特性"。[①] 因此，作业评语也应因人而异，"各如其面"，体现学生作业的个性特点。教师作业评语习惯的做法是评定"优、良、中、差"或者用百分制给出分数，写上日期。这样的作业评语"千人一面"，分辨不出"你的作业"和"我的作业"的区别，因为缺乏"个性"。所以学生常常对这样的作业评语"视而不见"，更别说让学生看到作业评语"怦然心动"受到教育了。笔者在实践中感到，在评语中写出"这个人"来、"这次作业"来，学生对"这次作业"的评语才会感兴趣、愿意看，才会体察评语背后教师的良苦用心和关怀。

二、"个性化"作业评语实践

线上教学"个性化"作业评语，需要教师善于发现学生"这次作业"的独特之处，突出学生的"闪光点"和作业特色，针对不同学生的作业有不同的侧重点，而无需面面俱到或"平均用力"。

我们在线上教学中，曾经布置了这样一道作业：一位实习生看到自己的"师傅"——实习学校指派的指导教师在体罚学生，如果你是这名实习生，你会怎么做？为什么？我们欣慰地看到，大部分同学在作业中表示，会委婉地制止导师违反教师职业道德的错误做法，了解导师体罚学生的原因，和导师一同商讨解决问题的方法，劝谏导师规范自己的教学行为。但也有一些很"佛系"的同学，在作业中明确表示："为了表示对我的导师的尊重，我会远远地走开，以防让他尴尬。""又不是我体罚学生，所以学生受体罚与我无关。""导师体罚学生关我什么事？我不过是一个实习生，只想完成实习任务。我不会过问的，因为这是我的自由。""作为实习生，我要给导师一个好印象。我当然不会拿自己的利益去引起导师的不满。""只要会直接或间接影响我利益的事情，我都不会插手。"

这些"道德事件的看客"，将来大部分都要做老师。如果他们做了老师，这种"道德旁观者"心态会给他们的学生带来什么样的影响？很可能

[①] [加]马克斯·范梅南.教学机智——教育智慧的意蕴[M].李树英译.北京：教育科学出版社，2001：160.

是"各扫自己门前雪，莫管他人瓦上霜"。人人都"明哲保身"，利己主义就会泛滥，人际关系就会疏离，见死不救就会成为"常态"，见义勇为却成了"另类"。所以，对这样"三观"错位的"道德旁观者"，我在作业评语中分别针对其不同的表现，写下不同的评语。

比如，对"尊重导师远远避开"的同学，我这样写道：

古希腊先哲亚里士多德说："我爱吾师，我更爱真理。"你远远地走开，貌似尊重老师，实则可能害了老师。因为你的"远远走开"，被体罚的学生会因此受到更大的伤害，你的导师可能因违反教师职业行为准则而受到处分，这是你的初衷吗？是你愿意看到的结果吗？相反，你及时地走近被体罚的学生，委婉地劝阻导师的错误，学生会免受更大的伤害，你的导师则可以免受师德处分——帮助教师避免教育教学更大的失误或错误，才是对老师的真正尊重。我们应当尊重导师，但是看到导师的错误而不敢或不愿意帮助教师改正，实质上不是尊重你的导师，而是轻视你的导师。希望你今后自己能够做到"过勿惮改"，也要勇敢地帮助他人改正错误。一个好教师不仅需要渊博的学识，而且更需要改正错误的勇气。

对"不是自己体罚学生，学生受体罚与我无关"的同学，我这样写道：

心理学理论认为，由于无法看到行为的直接后果，面对苦难，我们在潜意识里首先会为自己开脱：这苦难不是我导致的，与我无关，我可以不承担责任。而这种思维很快就会迁移到道德的真实情境中，成为道德旁观者心安理得的心理慰藉。假如我们每个人都以"学生受体罚与我无关"为自己开脱而心安理得，想象一下，我们的社会将是什么状态？背离了真、善、美价值准则的道德旁观，其实是一种"无为之恶"。因此，作为明天的教师，今天我们必须有道德责任担当，有坚定的社会主义道德信仰。提升道德主动性，从力所能及的事情做起，自觉进行道德实践。

对"不会拿自己的利益去引起导师不满"的同学，我这样写道：

如果人人都是一事当前首先考虑自己的利益，"我的利益优先"，不愿冒一点风险，那么在他人需要帮助时就会排斥或拒绝他人的求助，逃避道德责任与义务而成为道德的旁观者。"一文钱难倒英雄汉"的故事说明了什么？即使是英雄，有时也会因为小小的困难而一筹莫展，希望得到别人的帮助。设身处地想一下，当我们最需要帮助的时候，不也是这种心理吗？所以，与其坐而论道谴责别人"拔一毛利天下而不为"，不如起而行道从道德"旁观者"转变为道德"行动者"。①

传统的评语形式化、模式化或"套路化"，学生看不出教师的希望，不明确改进的方向，主要是作业评语没有教育意义。而具有教育性的作业评语，能够使学生心灵受到触动，产生共鸣。看到这样的作业评语，他们在与老师的互动中反思了自己的"三观"，表示接受老师的建议，达到预设的教育效果。

笔者还曾经布置了这样一个作业：选择一个角度，谈谈预防中小学生校园欺凌的建议。很多同学的作业做得非常认真，针对不同学生的作业，我写了如下评语②：

梁开泰同学好，看了你的作业，我非常感动。你的遭遇让我感到布置这次作业很有必要。语言欺凌常常为人们所忽视，但是在校园欺凌中是发生最多的，我们对此要高度关注，尽我们所能，减少这类欺凌的发生。你的父亲是一个了不起的父亲，我真诚地向他致敬！你也是一个了不起的同学，能够战胜自己，战胜挫折，是我们学习的榜样。谢谢你能够非常认真地做作业。

位峥嵘同学好，你作业中的"如果我是那位姜老师，我会怎样做"等一系列反思特别好。这样的反思，是一种专业的反思。无论我们做什么工作，如果经常进行这样的专业反思，就能够很快成为一个职业中的佼佼者。希望你今后能够保持这样的好学风，我也会向你学习，多进行这样的专业反思。谢谢你能够一直非常认真地做作业。

马智慧同学，你说得很好："当看到青少年被人殴打、辱骂时，我们应该及时伸出援手，多说几句，多问几句，也许就能避免一次恶劣的校园欺凌事件，也能让一个孩子少受些伤害。"治理和预防校园欺凌最需要的是行动，愿我们用行动为孩子营造一个安全、阳光、和谐的校园。

---

① 陈情娇.探析旁观者现象的道德困境及消解路径[J].庆电子工程职业学院学报，2020，(2)：34.

② 这些同学均为本学期2017级小学教育全科班的学生。

范秋雨同学好，我感到马智慧同学的观点值得我们借鉴，就是治理校园欺凌，最关键的在于行动。她是这样说的："当看到青少年被人殴打、辱骂时，我们应该及时伸出援手，多说几句，多问几句，也许就能避免一次恶劣的校园欺凌事件，也能让一个孩子少受些伤害。"我很同意，因为"心动不如行动"，只要行动，就有收获。

黄珍琦同学好，你是一个有仁爱之心的同学，非常同意你说的：于教师这个职业之下，我最害怕的不是学生成绩不好，怕的是当他们身处阴影时，自己却浑然不知。我确实不能认识每一个孩子，和每一个孩子成为朋友，但我希望自己再敏感一些，尽可能照顾到每一个期盼太阳的孩子。每名教师都不忍心他们于最灿烂的年龄受到孤立，受到冷视。于教育面前，"教"要竭尽全力，"育"更要倾尽所能。不过，我认为，竭尽全力"教"，倾尽所能"育"，关键在落实到行动上。因为"心动不如行动"，只要行动，就有收获。

学生为什么对老师"优、良、中、差"或者百分制的作业评价不感兴趣？一个重要的原因就是教师没有把学生看做独立的个体，不注重学生个性差异，写出的作业评语"千人一面"，缺乏"个性"，因此难以让学生"怦然心动"受到教育。而"所谓教育，不过是人对人的主体间灵肉交流活动"，"因此，教育的原则，是通过现存世界的全部文化导向人的灵魂觉醒之本源和根基，而不是导向由原初派生出来的东西和平庸的知识"。[①]教师写出富有"个性"的作业评语，才能让每个学生感到"这是老师写给'我的'"，才能对作业评语看进眼里，放到心上，唤醒灵魂，起而行道。

写出有"个性"的作业评语，需要教师加强对每个学生的思想、情感、性格、特长、需要、学习等方面的深入了解，在评语中写出"这个人"来，写出"这次作业"来。"人心不同，各如其面。"评语也要"各如其面"。这样，学生对"这次作业"的评语才会感兴趣，才会体察评语背后教师的良苦用心，才会真切感受到教师的人文关怀。

---

① [德]雅斯贝尔斯.什么是教育[M].邹进译.北京：生活·读书·新知三联书店，1991：3.

我们该如何评课
——魏宏聚教授的评课艺术与启示

一、魏教授的评课艺术

评课艺术，是指教师的德（职业道德）、才（专业知识）、学（学术水平）、识（创造性的见解）在评课中的表现。魏宏聚教授的评课艺术可以概括为以下几点：

评课的针对性。魏教授评课针对"这个老师"的"这节课"的"这个方面"。在评周口一中武玉英老师执教的《事物的正确答案不只一个》一课时，他说：

老师贵姓？

武老师：姓武。

武老师（"这个老师"）给我们呈现了一堂非常好的课。（"这节课"）（视频57"33）……这节课的最大特点有两个（"这个方面"）（视频58"07）……

在评周口八中冯青林执教的《概率初步复习课》时，他说：

冯老师（"这个老师"）《概率初步复习》（"这节课"）……本节课生成性教学事件（"这个方面"）的处理结果非常有教育意义，因为教师借机鼓励了一个失去学习自信心的孩子，很有可能因这一事件，这个想退学的学生的学习积极性会重新燃起。如果教师没有这个意识，不去专门鼓励这一学生的举动，那么这一事件不会发生，其教育意义也将丧失，生成性教育目标就不会出现。教师的这一举动是优秀教师品质的体现。

评课的民主性。魏教授在评课时没有因为自己是专家而对大家严厉指正，他在践行理论走向实践的核心命题：变"指导者"心理为"接受检测"的虔诚心态。在评周口一中武玉英老师的课时，他说：

我们上课的老师，还有其他教师都可以讲讲自己的看法……我们都是同行，我们根据自己的理解，给大家提出一些看法……大家看看有没有道理，有道理大家就吸收……（视频56"55）

评课的策略性。魏教授评课的策略性表现在，评课时首先肯定执教老师的优点，然后委婉指出不足。比如在评武玉英老师的课时，他说：

武老师（"这个老师"）给我们呈现了一堂非常好的课。武老师提前把课件发给了我们，从态度上来看这非常好，我们很受感动……本节课有两个突出的特点，一个是武老师的语速非常理想（视频58"22），第二个是这节课有议论文的论证过程展开……线索非常清晰（视频58"48）

我们看一下目标是不是可以再进行优化……（目标）2、3、4是一个问题，可不可以合并……

评课的求实性和灵活性。魏教授在评课时，总是结合学校的实际和执教老师教学的实际，实事求是进行评价，同时，灵活评价执教老师的教学，抓住他们教学中的特色进行评价。比如这次讲课的两个老师均未采用合作学习，就不评他们这个方面的设计。

二、魏教授评课艺术的启示

魏教授的评课艺术有很好的导向作用，至少给我们以下启示：

评课要结合实际富有启发性。我们过去的评课，或者是"跑偏"，或者是"洋洋万言，离题万里"。站在"此岸"，指点"彼岸"，不切实际，老师会腹诽：您睁开眼瞧瞧，我们有哪个条件吗？所以，评课要结合实际，评的才有针对性，老师也肯定口服心服。评课还要开启教师的教育思维与智慧，让老师发出"哎呀，我怎么没有想到……"的感慨。魏老师评课后，笔者与两位执教老师的交流发现，魏老师评课做到了这些。

评课要讲道德富有鼓励性。在评课时，我们有时有"看人挑担轻"的心理，把执教老师评得垂头丧气，以致产生"我不是当老师的料"的想法。魏老师评课，体现了他高尚的道德修养——超越世俗的教育情怀。他相信，上课老师的优点，只要愿意找，肯定是有的。而对于每一个人来说，被别人找到一个优点，实际上就是给了一次鼓励。

评课要考虑老师感受富有理解性。一个好的教育研究者，应当有很强的换位思考能力，在评他人的课时，考虑"如果我是他，我需要怎样的评价"？我们不能只图自己说着痛快，还应考虑人家听了我们的评价会有什么感受。我们的评价再合理，人家不接受，就不可能起到应有的作用，达不到我们预期的目的。怎样让人家接受？理解别人是很重要的一个方面。

评课要有集中性增加老师的自信。评课时要集中评价执教老师课堂教学一两处的闪光点，而不要面面俱到。这样会让老师对自己的教学中的优点有一个清晰的感知，能够增强他们教学的自信，能够使他们感受到自己教学的特长，以此为发展方向或抓手，形成自己的教学风格。

评课要有理论支撑富有操作性（可行性）。"有理走遍天下"，所以，评课要"讲理"。比如，魏教授在评价两个老师的教学目标设计时，是有坚实的理论支撑的，大家可以读魏教授的《新课程情感目标评价工具及课堂应用》《新课程三维目标表述方式商榷——依据布鲁姆目标分类学的概念分析》《新课程三维目标在实践中遭遇的尴尬与归因——兼对三维目标关系的再解读》，这里不再赘述。缺乏理论支撑，在评课时就会"大无畏"，甚至"满嘴跑火车"。

如何根治"说好话"式的评课

江苏省宿迁经贸高等职业技术学校吴维煊老师呼吁:"说好话"式评课不能再继续下去了!她谈到,"'说好话'式的评课,普遍存在于各种类型的听评课中。""听评课中的'说好话',误己误人又误教育……破坏了以教学研讨为目的的评课生态,对教师成长、对学校教学质量的提升都有消极的影响。"笔者非常赞同吴老师的观点。那么,如何根治"说好话"式的评课?除了吴维煊老师提出的"站在教育高度,以严谨的态度、负责任的精神,讲真话、谈真问题,回归评课应有的尊严"之外,我们认为还需要解决三个问题。

一是让教师明白为什么要评课。周坤亮博士通过对听评课理论的研究发现,听评课的功能有三:对学校来说,听评课的主要功能是教学管理,即学习通过听评课来管理教师和教学,规定一定数量的听评课任务,将其作为考核教师的依据;对教师来说,听评课的主要功能是教学研究,即教师通过听评课,发现教学中存在的问题,经教师间的互相讨论和研究,提出改进意见,以进一步改进教学,提高教学质量;对教育行政部门来说,听评课的主要功能是督导,即教育督导人员通过听评课检查、监督和指导学校的教学,并对学校的教学质量予以评估。[①] 笔者在与中小学教师的交流中感到,他们对"教师为什么要评课"认识很模糊,不清楚评课是一种教学研究,而认为评课是对教师的考核,是学校要求教师完成"指令性"任务,是评先表优等决策的重要依据。由于教师对评课活动的功能的认识

---

① 周坤亮.听评课的不同价值取向[J].教育科学研究,2013,(12):36-39.

存在偏差，无视评课的教学研究、改进教学、教师专业发展方面的功能，致使许多教师评课评不到"点子"上，于是就"只拣好话说"。

二是要弄清楚为什么会出现"说好话"式评课？只有弄清了这个问题的原因，才能找到解决"说好话"式评课的针对性措施。"说好话"式评课盛行，有"老好人"思想作祟，但更主要的原因是老师不知道"评课评什么"以及"评课怎样评"。换言之，老师不知道评课的内容、标准与思路；没有掌握评课的技能，不会评课。评课是一种实践性很强、专业性很高的技能，对参与评课人员的评价理论素养与实践能力都有特殊的要求。要评价一堂课，首先应该明确"评课评什么"，也就是要明确评课的内容。比如，是要明确评价教师的基本功，还是评价课堂的结构、教学方法、学生学习的效果等。明确了评课的内容，还仅仅是明确了要对课堂的哪些方面做出评价。而要评价这些方面，还需要明确评价这些方面的依据与标准，用这些依据和标准与课堂的有关情况相比较，从而做出判断，分析原因或意义，提出建议。明确了评课的内容与标准，还要明确评课的操作步骤或思路，比较判断从何处下手，先评哪一项，后评哪一项，各项又应按怎样的顺序去评。可以以评课内容为主要线索，优缺点分散随机评价或优缺点分别集中评价；也可以以课的进程为主要线索，优缺点分散随机评价或优缺点分别集中评价。①

像其他技能一样，是需要进行训练才能具备的。在英国，为了使评课做到客观公正，每年都要对听课者进行培训，培训的内容主要是研讨如何使用《听课记录表》《评课记录表》等工具，以及如何对评价结果进行反馈等方面的技巧。而我国的教师教育和在职培训则普遍缺失评价类课程，客观上造成广大一线教师评价素养低下。因此，评课活动的专业性要求、教师评课能力的提高、改变当前评课现状，都在客观上要求我们重视对教师进行评课方法的指导，选用合适的评课工具与方法，提高评课者驾驭课

---

① 江玉安.评课的三个基本问题：内容、标准与思路[J].课程·教材·教法，2007，(03)：25-28.

堂教学评价活动的能力，提升评课活动的专业水准。①

三是评课是不是不能"说好话"，"不能说优点，只能说不足"？笔者认为，从评课的理论出发，从鼓励教师积极参与听评课角度出发，评课的时候既需要说不足，也需要实事求地"说好话"。如果评课只说"不好""不足"，很可能对讲课教师自信心造成伤害，尤其可能会导致新教师的自贬、自责、自卑，认为自己上公开课给学校丢了脸而痛苦，影响他们的专业成长。所以，评课可以"说好话"，关键是怎么"说好话"。

最根本的是"说好话"要有研究性质，说优点的时候不仅要说出"这节课或这个教学设计"的好，而且要说出其"为什么好"，进一步归纳出操作性的教育理论。比如，评课的时候说某教师的导入设计好，那么就要分析这个导入设计为什么好，进而归纳出好的导入设计的标准：指向教学目标，引起认知冲突，激发学习兴趣，启发学生思维，关联教学内容，简洁新颖独特。以后再评课的时候，如果评价课堂教学导入，就可以根据这些归纳出来的标准，评价一个老师的课堂导入，就可能避免"这个老师的导入很好"之类的泛泛之谈。

因此，根治"说好话"式评课，要让教师明白为什么开展评课，掌握评课的技能，评课无论是"说好话"还是说其他话，关键是要通过评课带来真正的研究，这样的评课才有价值。

---

① 刘志耀.两种评课模式的比较研究[J].教育测量与评价，2011，（09）：45.

教师发展研究

中篇

如何帮助新入职教师度过"水土不服"期

新入职教师是指入职第一年的教师。研究表明，这一时期是影响教师职业生涯的关键期，同时也是教师职业生涯最脆弱的阶段，是教师专业发展最困难的时期。因为角色的变化、生活环境的变化、教学技能缺乏等原因，新入职教师在新工作岗位常常出现"水土不服"的问题。如果不能及时消除"水土不服"问题，新教师会产生强烈的无助感和挫折感，甚至离开教师职业。因此，帮助新入职教师消除"水土不服问题"，对新入职教师快速实现角色转变、避免职业挫折和倦怠、提升职业幸福感有着重要意义。帮助新入职教师度过"水土不服"期，可以采取如下方式。

一是"师父带徒弟"方式（美国称为导师制）。即由学校为新入职教师指定"师父"，"师父"是优秀的有经验的教师，"师父"对新教师提供"一对一"的带教方式，进行教学工作和班主任工作的指导，提供情感支持。新教师在"师父"的帮助指导下，通过观摩"师父"的课堂教学、班级管理，在师父的指导下，逐渐熟悉和融入学校文化，提高教学技能，由模仿走向独立教学，成为高水平的教师。在为新教师指定"师父"时，要注意"师徒"之间的性别、年龄、个性、任教学科和年级的匹配性和相容性，考虑双方的合作意愿，"师徒"进行双向选择，不能搞"拉郎配"。当然，前提条件是学校指定的师父应当有丰富的教学经验、扎实的业务能力、高尚的师德和娴熟的指导能力。

二是岗前集中培训方式。这种方式是各级教育现状部门依托各市、县教师进修院校对新入职教师开展的集中培训，一般在新教师即将任职的暑假或任职第一年的部分周末进行，采用班级集中授课形式，由高校或研究所专家和一线优秀教师向新教师讲授理论课程和实践经验。随着现代教育技术的普及，岗前集中培训引入了"互联网+"的方式，整合优势的教研、科研、电教机构资源，利用网络远程教育平台，对新教师进行集中培训。新教师刚从大学毕业，对当前先进的教学方法有相当深刻的感受，对现代化教学方法和手段运用有迫切要求，对岗前培训的内容也有自己的看法。因此，要加强对新教师的了解，多采取"案例分析""角色扮演""经验共享"和"问题探究"等方式，少采用"理论知识传授模式"。

三是校本培训方式。这种方式的培训主体是新教师所在的中小学。培训的目的是帮助新教师熟悉学生需求，熟悉学校的规章制度、课程安排，解决新教师入职第一年教学实践中需要关注的问题，从而使新教师顺利度过"水土不服"期，胜任工作岗位要求。这种培训模式的特点是"基于学校""为了学校""在学校中"，具有灵活性和针对性；培训什么、如何培训、培训到什么程度等，由学校自上而下制定培训方案。因此，要提高校本培训质量，在培训主体上需要发挥新教师的主导作用，采取自下而上的方式制定校本培训规划，鼓励新教师积极参与制订培训计划过程；在校本培训导向上，要以教师专业标准引领新教师专业发展，因为教师专业标准是教师培养、准入、培训、考核等工作的依据；在校本培训管理上，应偏向于专业标准导向的组织引领，而不是偏向于学分认定为主的行政管理；[①]在培训内容上，除了教师专业标准上规定的维度和领域以外，还要注重岗前集中培训难以传达的默会知识，这种知识更需要在校本培训中学习；在校本培训的专业支持上，不仅要"请进来"，还要"走出去"。

上述方式各有优劣，运用时要扬长避短。但无论采用哪种帮助形式，不能仅仅对新教师提供业务方面的帮助。对新教师的心理健康、人际沟通、教育科研、教学管理、学生评价等方面都要同时进行帮助指导。

---

① 杨玉东.让校本培训走向问题导向的专业学习——对上海市八区县调研的透视与反思［J］.教育发展研究 2014,24：76-78.

学校要注重为新入职教师提供充分心理支持

一位新教师上课时被学生气哭了，跑回隔壁的家里向老公告状。老公找到校长大发雷霆：你是怎么教育学生的？你的学生把我媳妇都气哭了！这不是网上的段子，而是发生在某中学新入职教师身上的真实故事。类似"新教师上课被学生气哭"的事件不时出现在各类媒体中，笔者也对某中学新入职教师就如下问题进行了访谈：您对目前的工作岗位适应吗？为什么？您现在的工作与您入职前想象的差距大吗？为什么？您是如何了解您所就职的学校和工作岗位的？您入职遇到过哪些困难？您是如何克服的？您入职初期学校为您提供了哪些支持与帮助？您如何看待这些支持与帮助？您认为如何才能促进新入职教师专业发展？

访谈发现，新入职的教师对学校提供的物质方面的支持比较满意，但他们普遍反映遇到了不同程度的困惑、苦恼、失望和迷茫：上课时学生插嘴、接老师的话茬，不知道怎么应对，搞得自己很尴尬；对学校领导不熟悉，见了面不知道如何称呼，又怕领导认为自己孤傲清高不懂事；虽然事先对入职的学校有所了解，但是入职后还是感到对学校工作环境不适应；总感到工作过于繁忙，心力疲惫不堪；有时候莫名地烦躁易怒、脾气暴躁；预想与实际情况落差太大，感觉好像"入错了行"，所以工作起来提不起精神……这些问题的成因复杂，但笔者认为和学校为新入职教师提供的心理支持不足不无关系。

长期以来，由于很多学校教师数量不足，新教师入职后的"惯例"是承担与熟练教师同样的教学任务，甚至有时学校还把最难教的学科、最难管的班级交给新入职的教师；新入职的教师"迷迷瞪瞪上山，稀里糊涂过河"，通常要花大量时间和精力为完成各种任务做准备，很长时间才弄明白学校要自己干什么。他们用职前所学的那点知识、教育实习时积累的那点经验来应付入职后繁重的工作负担和复杂的教学挑战，是他们入职后工作遭受挫折、产生心理疲劳的主要原因。美国国家教育研究所（National Institute of Education）研究表明，新教师"第一年的教学情况如何，对他所能达到的教学效能水平有重大影响，而且要持续数年；会影响到整个40年教师职业生涯中对教师行为起调节作用的教师态度；也确实影响教师是否继续留在教学专业的决策"。[①] 因此，如何为新入职教师提供充分的心理支持，进行减压疏导，调整心态，增强他们的意志力、自信心、抗挫折能力和自控能力，消除新入职教师的困惑、苦恼、失望、迷茫，是学校面临的首要问题。

首先，学校领导要充分重视新教师心理支持的重要性，自觉发挥在新教师心理支持中的主动作用。笔者经常应邀参与中小学新教师入职培训工作。从各学校安排的课程表上，可以看到新教师入职教育的内容主要是教师职业道德、教育法律法规、教学方法和技能、教学设计与实施等。鲜有心理支持方面的内容。通过与新教师交流发现，他们特别需要入职教育增加人际关系，包括与学校领导的关系、师生关系、同事关系、与家长的关系等，包括情绪管理、压力调适、危机应对等心理支持方面的内容。因此，学校在入职教育课程设置上，要增加心理支持系统方面的内容；在与新教师交往上，主动定期沟通，向他们提供精神关怀；在新教师心理问题的解决上，要提供积极有效的帮助；学校还可以利用网络，促进新教师与同事交流。

其次，加强新教师心理支持的机构建设。目前，学校一般都设有心理咨询室，但是心理咨询的对象是学生。学校可以成立专门的教师心理咨询中心，开通教师心理咨询热线。教师心理咨询中心要及时收集、反馈其新

---

① 叶澜，等.教师角色与教师发展新探[M].北京：教育科学出版社，2001：289.

教师心理信息并提供相应的帮助，营造关心新教师的氛围，使新教师不再感到"孤立无援"；教师心理咨询中心还可以通过网上论坛、网上咨询、举办有针对性的教师心理健康系列讲座等活动，帮助新教师树立心理健康意识，预防和缓解心理问题，为新教师提供更多的心理支持。

再次，开展心理培训。教师心理培训是将心理学的理念和方法应用到学校管理和训练活动中，以解决教师的动机、心态、潜能、心理素质等一系列心理问题，实现教师个人与学校的共同发展。通过定期心理培训，能够帮助新入职教师获得自我调节的方法。运用这些方法，可以提高新入职教师的心理素质，较好缓解新入职教师的职业压力、职业倦怠等问题。

第四，进行心理辅导。心理培训是对学校教师进行的团体心理疏导，而心理辅导则是一对一地针对个人的心理咨询。每个人的心理问题不同，单纯的团体心理培训不能解决教师个体的心理问题。因此，学校还应疏导针对个别教师心理困扰展开心理辅导。通过"聊天"化解教师的心理疙瘩，是心理辅导的主要途径。如周口市一些中学的"阳光咨询室""情感交流站""阳光服务室"相继挂牌成立。心与心的情感交流，为新教师减压疏导，调整心态提供了有效的支持。教师有心事时，或者通过热线电话，或者直接到情感交流站里来面对面沟通。通过个体心理辅导，可以有针对性地解决新教师的心理失衡乃至所有教师的情绪郁结等难题，将心理问题解决在萌芽状态。①

第五，对新教师心理支持系统进行专题研究。学校应组织相关教师专门研究新教师的心理支持问题，采取切实措施提升新教师心理支持研究的能力，为新教师心理支持工作提供理论上的支持。可以聘请专业人员，通过心理测试了解新教师心理状况，发现其心理问题，帮助新教师及时消除心理问题，并同步建立新教师心理档案。还要组织新教师与老教师的交流互动，通过对老教师经历的了解，辩证认识自己面临的困难。

第六，减轻新教师的工作负担,丰富他们的业余生活。如上所述，由于各学校教师普遍短缺，新入职教师常被学校"委以重任"，承担与熟练

---

① 刘海生.校长应提供充足的"精神福利"[J].教学与管理，2009,(03)：17-18.

教师相同的教学工作，可能还要担任班主任，新教师依靠自己的力量，应对这么多新的挑战，负担非常沉重。国外成功的经验值得借鉴，就是适当减少新教师的教学负担，同时将新教师的非教学责任降到最低限度。另外，学校也可以采用体验式放松，定期组织他们进行郊游等，进行情绪舒缓。学校还要加强校园文化建设，组织新教师参加各种娱乐活动，使新教师的业余生活丰富多彩，缓解他们紧张的情绪。

为新入职教师提供心理支持，不仅是新教师的个人问题和专业发展的需要，也是学校发展和学生发展的需要。心理支持需要一定的持续时间，偶尔一两次作用有限。学校应当为新入职教师构建一个长期的、立体的、多功能的心理支持系统，这样才能保证新入职教师不良情绪能够及时减轻和消除，增加新入职教师团队的凝聚力和工作满意度，为新入职教师以健康心态投入教育教学工作打下坚实健康的心理基础。

利用"关键事件"促进新教师专业成长

"关键事件"是对教师专业发展产生重要甚至是决定性影响的事件。研究表明:"关键事件"在教师专业发展过程中起着重要作用。"良好的开端是成功的一半",成功的"关键事件"能够增强新教师的自我角色认知与职业认同,促进专业发展活动中的主动探究和实践;能够丰富实践知识,提高新教师的专业判断能力;能够促进新教师的人际交往,强化教育合作;能够为新教师专业发展的干预提供有效的"切入点"。[①] 而失败的"关键事件"则可能让新教师遭遇挫折,产生"一朝被蛇咬,十年怕井绳"的心理阴影,影响新教师专业成长,导致对教学工作的倦怠感、畏惧感,使专业成长停滞不前乃至退出教学工作。因此,在引领新教师专业发展的过程中,应关注"关键事件",抓住"关键事件",发挥"关键事件"的积极作用,有效地引领新教师专业成长。

一是采用案例分析法对新教师进行集中培训。案例分析法是以实际工作中出现的问题作为案例,交给参加新教师研究分析,培养他们的分析能力、判断能力、解决问题及执行能力的培训方法,培训目的是提高新教师解决问题的综合能力,使他们在以后的工作中能够顺利地解决各类问题。比如,提供师生冲突的案例,通过分析研讨,可以帮助新教师理解建立良

[①] 苏红.关键事件:抵及教师专业发展的核心[J].教育科学研究,2011,(11):69-70.

好师生关系的策略、化解师生冲突的策略等。

二是进行"关键事件"的作业训练。对新教师布置分析"关键事件"的作业训练，让他们回忆并反思发生在他们教学过程中的"关键事件"，对新教师专业成长很有帮助。研究表明，新教师专业发展过程中经历的关键事件主要集中在教学领域，而影响关键事件生成及其作用的因素主要来自学校层面。① 因此，学校要自觉通过关键事件对新教师专业发展进行干预。比如，总结和提供缓解师生冲突的应对策略、手册，对遭遇挫折和困难的教师提供及时的情感支持等，为教师的专业发展施加直接的影响，使它们成为教师专业发展道路上的有积极意义的关键事件。②

三是帮助新教师学会建构"关键事件"。"关键事件"的建构一般分为四个步骤。第一，描述。即以教学札记或日记形式记录教学中发生的事情，要清晰地描述事件发生的情境、参与者、过程和结果。第二，释义。即对教学事件进行解读，这是建构"关键事件"的关键环节。第三，行动。即依照上一步的释义，采取实际行动解决遇到的问题。第四，反思。即对行动的结果进行仔细考量。③ 事实上，有些"关键事件"是隐性的，可能一直在反复出现，关键是教师能否对其进行建构。

---

① 苏红.教师专业发展中的关键事件研究[M].北京：北京师范大学出版社，2014：183-184.

② 宋维玉，秦玉友.教师发展研究中关键事件的三重内涵[J].现代教育管理，2016，(12)：43.

③ 邵珠辉，李如密.教师专业发展视域下的教学关键事件[J].教育科学研究，2010，(10)：64.

教师首次给学生上课要做好自我介绍

从新冠肺炎疫情肆虐到现在,学生在家度过了有史以来最长的假期。笔者在学习通"讨论"区里搞了这样一个微调查:"疫情结束后,你想回学校吗?"几乎所有的学生都回答:"想回学校,不想在家里了。"现在,史上最长的假结束了,学生就要回到朝思暮想的校园。作为教师,我们首先要思考的是如何立德树人,而课堂教学是立德树人的主渠道。利用好这个主渠道,首次给学生上课利用好"第一印象"或"首因效应"是关键,因为"良好的开端是成功的一半",好的"第一印象"或"首因效应"会对教师的教学产生先入为主的效果。如何在首次给学生上课时利用好"第一印象"或"首因效应"?很多教师都谈过相关"攻略"。笔者的做法是做好自我介绍,通过精彩的自我介绍,让学生比较全面地认识教师,拉近与学生的心理距离,促进师生友谊的建立。

在教学实践中,不少教师没有在第一次给学生上课时做好自我介绍,或者只是象征性地介绍一下自己的姓名,结果学生对教师的认识肤浅,对第一节课反映平平,甚至很快忘记了教师姓甚名谁。再见到教师的时候,要么看见老师就退避三舍,要么就不给教师打招呼,或者给教师打招呼的时候张冠李戴,或者用教师教的课程代替老师的姓氏给教师打招呼,如称呼"语文老师""数学老师"。所以,教师首次与学生见面,不要一进课堂就开讲,因为这时学生还不认识老师,对老师有新鲜感。心理学认为,新异刺激容易引起人的无意注意。教师进到教室就讲课,学生会因为对老师感兴趣的程度大于对教学内容的程度，导致教学效果不佳。为了给以后师生交往奠定基础，为了在以后教学中让学生"亲其师，信其道"，首次给学生上课做好的自我介绍很有必要。好的自我介绍可以考虑以下几点：

第一，清楚准确。就是要清楚准确地向学生介绍自己的姓名。为了让学生对教师有更深的印象，可以把自己的姓名写在黑板上，或者用幻灯片打出来，并留下联系方式。然后告诉学生，今后见到老师打招呼的时候要准确称呼自己"刘老师"，而不是称呼"教育学老师"，因为这样称呼老师，教《动物》的老师就成了"动物老师"。还可以从姓名文化的角度，解析自己的姓名；还可以透露自己的一些小"隐私"，如家庭籍贯、求学经历等。这不仅能够让学生对老师留下深刻的印象，而且有助于学生了解教师的"历史"，拉近学生和老师的心理距离。

第二，饱含真情。教师既要注重"以德化人""以才服人"，更要注重"以情感人"。"感人心者，莫先乎情，莫始乎言，莫切乎声，莫深乎义"（唐·白居易《与元九书》），"无情未必真豪杰"（鲁迅语），麻木不仁的人很难成为优秀的教育工作者（王晓春）。欲晓之以理，须先动之以情。因此，自我介绍要让学生动心，教师必先动情。不仅要动情，而且要饱含真情，声情并茂，让学生产生"带入感"，很快进入教师营造的氛围或意境中。教师在自我介绍时，还要用亲切的目光和体态语言表达自己对学生的真情，以实现以"情"促学，以"情"促思，乐中求知。

第三，激发兴趣。自我介绍的目的，不仅仅是为了让学生再见到老师的时候能够准确认出老师、准确给老师打招呼，还是为了给学生今后的学习打下基础。鲁迅先生说："没有兴趣的学习，无异于一种苦役。"教育实践中我们也发现，"兴趣是学习的动力"。因此，自我介绍要结合教学内容，激发学生学习兴趣。教师以后不一定每节课都要激起学生的兴趣，但首次见面的自我介绍必须精心设计，让学生对你刮目相看，从而对教师以后的教学充满期待。

第四，展现魅力。利用学生的好奇心，通过巧设疑问、设置悬念、营造氛围、创设情境、讲述故事等方式，联系生产、生活和社会现实，突出所教课程在个人、国家、人类社会发展中的重要性，介绍学习内容、学习方法、学习经验、学习要求，让学生产生学好该课程的内在动力，展现教师的专业魅力、学科魅力；通过幽默得体的语言、大方的衣着服饰、微笑的面部表情、和蔼可亲的态度、开朗乐观的心态等展现人格魅力，使用网络热词、段子、流行歌曲、热播剧中学生熟悉的元素，展现教师的时代魅力。在首次与学生见面前，教师最好"打扮"一下，女教师可以化个淡妆，男教师可以理一下发，做到精神饱满，给学生干练的感觉，同时这也是对学生的尊重。特别要管理好自己的情绪，第一次与学生见面，要杜绝讽刺挖苦学生，更不能体罚学生。这样做常常会激化师生矛盾，给学生一种老师"无能"的感觉，严重影响以后的教学。即使有学生出现违反纪律、刁难老师等偶发事件，也要牢记"冲动是魔鬼"，可以采用目光制止等"以静制动"的方法。当然，也可以"以动制动"，走到学生跟前，委婉而严厉的请他站起来，或者到黑板前写下自己的名字后回到座位上。

虽然自我介绍只是教师开学第一课中一个很小的组成部分，但是，作为教师首次与学生的"见面礼"，需要教师高度重视，认真设计。因为自我介绍不仅仅是一门技术，也是一门艺术。

附：笔者2016—2017年度第一学期开学，首次给学生上课的自我介绍（根据学生的记录整理）

同学们好！

根据学院的安排，本学期由我和大家一起共同学"教育学"这门课程。

我叫×××（板书自己的姓名），是我校教育科学学院教授。大家一看到这个名字，立即会想起唐朝诗人张九龄的《望月怀远》："海上生明月，天涯共此时。情人怨遥夜，竟夕起相思。灭烛怜光满，披衣觉露滋。不堪盈手赠，还寝梦佳期。"但我这个人绝对没有《望月怀远》的诗意，大家都看到了，我很像一个"老司机"，为人随和，讲课"套路"，语言"猴赛雷"，似乎还有"小目标"，还会一些"友谊的小船"，不是那种"社会我丽姐、人狠话不多"。

其实，我是一个很简单的人，我的心情全写在脸上，有时很"任性"，一点儿也不会掩饰。没有什么经验，没有什么心机，更没有什么城府，我的心灵对人从不"设防",你可以把我"一眼看穿",我希望能够成为大家的知音。

听过我的课的同学,都评价我上课好像很轻松,其实我已经用尽了"洪荒之力","台上一分钟,台下十年功"。哪个老师不是"加班狗"!哪个老师不渴望艰辛的付出能得到学生的尊重!因此,我讲课时你玩手机,你窃窃私语,你谈情说爱……你的一切违反课堂纪律的行为,我都会"蓝瘦、香菇",很难过很伤心很痛苦。

有同学对我说:孔子没有学过"教育学""心理学",但并不妨碍他成为万世师表。我们不学"教育学""心理学",一样可以教课,一样可以培养出社会需要的学生。没有教育理论,照样可以开展教育实践。

我想说的是,首先,孔子是教师中的个例,是两千多年前的教师,现代的教师必须学习"教育学""心理学"等教育科学理论,教师资格考试、特岗教师考试、招教考试,"教育学""心理学"等教育科学知识是必考的。这说明了什么?说明教育科学知识是教师必须掌握的。其次,孔子虽然没有学过"教育学""心理学",但他有丰富的教育理论。"不愤不启,不悱不发""学而时习""温故知新""学而不思则罔,思而不学则殆"等,都是孔子总结教学经验而提出来的教学理论。这些理论反过来直接指导了教育教学实践。因此,真正重视教育实践的人,是不应也不会轻视教育理论的。

"不学习"教育学""心理学"照样当老师"的认识,忽略了理论与实践之间的密切联系。历史经验告诉我们,没有实践依据的理论是空洞的理论,没有理论指导的实践是盲目的实践。教育工作者应该在正确理论的指导下进行实践,这样才能避免盲目摸索,更有效地实现教育目的。

其实,教育理论对于每一个教育工作者的意义十分重大。从理论功能上讲,掌握教育原理有助于解释教育实践、指导教育实践、推动教育改革;从实践意义上讲,掌握教育原理有助于树立科学的教育观,提高教育质量,总结经验,探索规律,还可以为学习其他相关学科提供坚实的理论根基。缺少理论的指导,教育实践就难以取得成效。

我们是大学生!课堂上应该怎么做,大学应该怎么上,老师应该怎么对待，大家都清楚，真的无须老师多讲大道理。但是，很多道理你看到、听到过很多次，如果你不亲身体验，这些道理并不能真正帮助你成长。怎样体验道理的正确与否？关键是变"坐而论道"为"起而论道"——行动才最有力量！

　　"生活不止眼前的苟且，还有诗和远方。"让我们行动起来，在课堂上不做"吃瓜群众"，共同奔向"有诗和远方"的明天！

老师，请不要再带病上课

近日，我们到某县给参加暑期培训的教师上课。谈到教师健康时，做了一个随堂小调查："您有过带病上课的经历吗？"调查结果令人吃惊：老师们都有过带病上课的经历！我们又查阅了该县去年35位"最美教师"候选人的资料，发现其中29位候选人有共同的"带病上课"的感人事迹，"带病上课"的占"最美教师"候选人总数的83%。老师"带病上课"的敬业精神、奉献精神、高度负责的精神，确实令人感动。但是，感动的同时，我们认为也需要反思：老师为什么会"带病上课"？老师"带病上课"好不好？要不要？

老师为什么会"带病上课"？其一，传统的教师角色隐喻影响。自古以来，我国教师是"春蚕""蜡烛"等隐喻人们耳熟能详，在塑造教师形象方面起到了重要作用。"春蚕到死丝方尽，烛炬成灰泪始干"是我国传统文化赋予教师的理想人格，不仅体现了教师的奉献精神，而且体现了教师"生命不息，奋斗不止"的人格。但是，这种传统的教师角色隐喻造就了教师的超强责任心，给教师带来的影响就是：要"燃烧自己，照亮别人"。社会则普遍认为，你是教师，你就得理所当然、义不容辞地做"春蚕""蜡炬"，于是，在巨大的社会压力面前，教师带病坚持工作已成为常态。

其二，舆论和媒体的大力宣传。媒体的大力宣传，使"带病上课"的教师成为榜样，老师们"见贤思齐"，于是"带病上课"蔚然成风。我们上网浏览了一下，媒体宣传老师带病上课的比比皆是。比如，一个老师带病上课不幸离世，国内数十家有影响力的媒体大量转发，几乎覆盖了国内所有网络媒体。①而且媒体对老师带病上课都是持赞扬态度，有没有"带病上课"的事迹，俨然成了评判一个老师师德高下的重要标准。很少有媒体对"带病上课"现象进行反思和追问：老师为什么"带病上课"？老师"带病上课"好不好？要不要大张旗鼓宣传？

其三，学校尤其是农村学校、教学点教师编制紧张。我们在课下与教师交流中，老师们说，（农村）学校的老师岗位是"一个萝卜一个坑"，没有多余的人。由于老师特别紧缺，一个人当几个人用，基本上人人超负荷工作。

其四，学校的规章制度不合理。教师们反映，学校只是从管理者的角度制定考勤制度，很少有从教师健康角度考虑制定规章制度。比如，关于请病假，有的学校规定，老师因病请假，必须填写病假条，附上医院的诊断证明，请病假一天，就不发全勤奖，还要扣一定的绩效工资；取消评先表优资格，甚至取消职称评定资格等。老师本来收入就低，为了不被扣钱，为了评先表优晋职称，即使生病也不敢请假。

我们认为，老师带病上课弊端多多，不宜提倡和大力宣传。

老师带病上课首先危害自己的身体健康。老师生病了，一般情况下刚开始不会很严重，如果及时治疗，可能很快就会恢复健康。但是，由于上述种种原因，教师带病坚持上课，疾病得不到及时治疗或错过最佳治疗时间而导致病情恶化。有的教师等到扛不住了，才到医院检查，结果医生已经无能为力了，还有的教师甚至病逝在讲台上。

其次，对学生带来潜在的伤害。老师身体健康的时候，一般情况下心情也会好，对学生也会比较宽容，不会过于敏感动辄把学生的错误上纲上线。老师带病上课的情况下，心情一般不会好，也会更敏感，一旦有学生上课不听讲，老师就感到特别委屈：我带病给你们上课你们还不认真听。这时就特别容易动怒、冲动，也特别容易失去理智而采取极端措施体罚学生。

---

① 中国好人网.http://www.chinahaoren.cn/Articlebody-detail-id-47880.html.

再次，迁怒于家人，特别是孩子。因为带病上课失去理智处罚了学生，老师内心也为自己的行为感到自责，回到家里，家人就成了自己的"出气筒"。

第四，影响人们正确认识好教师的标准，加大成为好教师的恐惧心理。人们会想，要成为一个好教师，就得带病坚持上课，就得"轻伤不下火线"，做一个好教师代价太大了！谁还敢做一个好教师呢？

如何减少教师"带病上课"的现象呢？我们认为，首先是教师要重视自己的身体健康。我们还做了一个调查："您不生病的时候会去体检吗？"老师说："没有病谁去体检！""解铃还须系铃人"，教师不能指望别人督促关心自己的健康，自己应当定期体检，把疾病消灭在萌芽状态。教师要理智地比较一下，是带病上课效果好还是健健康康地上课效果好。实际上，就是教师请假，这节课空了没有人上，教师恢复健康后补上不是也可以吗？老师要清醒一下，树立这样一种理念：只有健康的老师，才能教出健康的学生；只有学生健康，我们的民族才有希望！

其次，学校制定规章制度要以人为本。比如，学校要鼓励教师有病就及时治疗，鼓励老师健康工作；对带病上课的教师应采取顺其自然的态度，不大张旗鼓地表扬；要大力宣传身体健康工作出色的老师，引导老师在提高专业水平上下功夫；不要鼓励老师拼时间、拼体力，不要把教师请病假与职业道德、评先表优等挂钩。学校要明白，带病上课的教师队伍，长此下去必定会影响学校的可持续发展。同时，学校要定期为教师体检。"您学校每年给教师体检吗？"老师一致回答"没有"。当前学校经费紧张，可以采取教师出一部分、学校补一部分的方式，鼓励老师定期体检。通过体检发现身体的隐患，早发现、早治疗是保持健康的有效措施。正如网友遗君明珠所说："老师们是有寒暑假的，在假期开始的时候安排他们进行体检，有病及时得到治疗，比一方面让他们透支身体，另一方面宣传他们带病工作要合理得多。"

再次，媒体应尽可能少地宣传带病坚持上课的老师，尽可能多地宣传身体健康、教学水平高的老师。如上分析，老师带病坚持上课，老师不去体检，和他们收入太低有直接关系。《中共中央 国务院关于全面深化新时代教师队伍建设改革的意见》（下称《意见》）中明确提出："完善中小学教师待遇保障机制，健全中小学教师工资长效联动机制，核定绩效工资总量时统筹考虑当地公务员实际收入水平，确保中小学教师平均工资收入水平不低于或高于当地公务员平均工资收入水平。"因此，督促《意见》中"不断提高地位待遇，真正让教师成为令人羡慕的职业"的落实，是媒体重要责任所在，"多关心一下教师的各种待遇，让他们能够身体健康、心情舒畅地教书育人，胜过树立无数个带病上课的榜样"。①

---

① 遗君明珠.老师带病上课究竟感动了谁？你还会选择当老师吗？(2018-5-29) https://www.sohu.com/a/233266367_99966151

"四有好老师"是新时代师德建设的标准和目标

习近平总书记历来重视师德建设,关于师德建设的重要论述,主要体现在他的一系列讲话中。2014年教师节前夕,习近平在北京师范大学考察并发表重要讲话:"百年大计,教育为本。教育大计,教师为本。国家繁荣、民族振兴、教育发展,需要我们大力培养造就一支师德高尚、业务精湛、结构合理、充满活力的高素质专业化教师队伍,需要涌现一大批好老师。""好老师没有统一的模式,可以各有千秋、各显身手,但有一些共同的、必不可少的特质。第一,做好老师,要有理想信念。……一个优秀的老师,应该是'经师'和'人师'的统一,既要精于'授业''解惑',更要以'传道'为责任和使命。""第二,做好老师,要有道德情操。……广大教师必须率先垂范、以身作则,引导和帮助学生把握好人生方向,特别是引导和帮助青少年学生扣好人生的第一粒扣子。""第三,做好老师,要有扎实学识。……扎实的知识功底、过硬的教学能力、勤勉的教学态度、科学的教学方法是教师的基本素质。""第四,做好老师,要有仁爱之心。教育是一门'仁而爱人'的事业,爱是教育的灵魂,没有爱就没有教育。好老师应该是仁师,没有爱心的人不可能成为好老师。"

"四有好老师"是习近平关于师德建设思想的重要内容,是新时代师德建设的新论断、新要求,也是新时代师德建设的标准和目标,为新时代师德建设指明了方向,对新时代师德建设有十分重要的意义。

理想信念是人们精神世界活动的一种主要表现。就理想而言,"它是人们在实践中形成的、有实现可能性、对未来社会和自身发展的向往与追求,是人们的世界观、人生观和价值观在奋斗目标上的集中体现。"而"信念则是认知、情感和意志的有机统一体,是人们在一定的认识基础上确立的对某种思想或事物坚信不疑并身体力行的心理态度和精神状态"理想与信念存在密切关系,理想决定着目标和方向,信念则为理想的实现提供精神动力。没有理想,信念就会失去方向;没有信念,理想就不可能成为现实。

教师的理想信念是精神之"钙",是思想的"总开关""压舱石",是教师确立的未来工作和生活的目标、坚定的信仰以及坚持为之奋斗的精神动力。研究表明,教师的理想信念是一个"过滤器",影响教师教育方式的选择。正如库姆斯所说,不管一种改革的策略如何有前途,如果这种策略没有与教师个人的信念体系相结合,那它是不可能按预期的方向影响行为的。所以,教师"有理想信念",才能做到"不忘初心,牢记使命",以"为人民服务,为中国特色社会主义服务,为改革开放和社会主义现代化建设服务,为培养社会主义事业的建设者和接班人"为基准,并"反思这一要求背后的政治、经济、文化背景及其深层教育意义。才能接受教育所发生的一系列变革并努力适应它,从根本上转变陈旧的信念",实现教师的自我成长和教育改革的推进,才能成为学生未来道路的"引路人",才能对学生进行有效的引导,让学生树立正确的人生观、价值观、世界观,让学生的理想和信念更坚定,让学生的发展和奋斗目标更加明确。总之,教师"有理想信念","站位就高了,眼界就宽了,心胸就开阔了"[①]。

道德是以善恶为评价标准的人的行为规范的总和,情操是感情和思想综合起来的不轻易改变的心理状态。"道德情操"通常指道德、情感和节操的结合。"道德情操"具有社会性、历史性和阶级性。社会主义社会的"道德情操"是无产阶级情感和革命坚定性的产物,是经过长期社会实践的锻炼修养而形成的。所以,教师"有道德情操",才能在内心建立牢固的"道德阵线",才能坚守道德情操的底线,在任何情境下都能保持一种

---

① 习近平.关于"不忘初心、牢记使命"论述摘编[M].北京:中央文献出版社,2019:74.

使人性向上的力量而不随波逐流或沉沦堕落，才能意识到什么是真正的"善"，并反过来规定自身行为，才能以更加友善的态度来对待和教育学生，才能在教育教学中有效地感染学生，从而为学生今后的发展奠定基础。

扎实的学识是当代教师为"师"之本、为"教"之本和教好一门课程之本，教师如果没有扎实的学识，教学中就必然会捉襟见肘，也就不能给学生输送"新鲜血液"。"师者，所以传道授业解惑也。"如果没有扎实的学识，"道"如何传？"业"怎么授？"惑"何以解？诚如庄子在《逍遥游》中所说，"水之积也不厚，则其负大舟也无力。"所以，教师有扎实的学识，才能为教学提供坚实的基础，才能创建优质的课堂教学，才能在教学中更好的发挥教师的主导作用，才能为学生提供更好更优秀的理论学识的支撑，才能满足学生旺盛的求知欲和强烈的好奇心，才能促使学生能够更好地学习知识、发展能力。

"'仁'是儒家的最高境界，是孔子眼中的最高道德原则和道德标准，教师要有'仁爱之心'就是心中要有学生，从心底欣然地去爱学生。""仁爱是一种心灵的超越和理性的选择，是教师道德自觉的体现，更是一种虔诚的教育信念和伟大的教育情怀。""爱是教育的灵魂"，也永远是教育的主题。"没有爱就没有教育。"所以，教师有仁爱之心才会爱教育事业，爱教学岗位，爱每个学生，爱一切真、善、美；才会对社会、人生、教育、教学保持积极的态度；才能尊重学生的人格，宽容学生的过错，并用自己高尚的人格力量感染学生，打动学生，引领学生，让学生学会关心人、爱护人、帮助人，养成有爱心、有责任心的良好品格。

总之，"四有好老师"为新时代学校立德树人根本任务指明了方向，也为学校开展师德师风建设提供了根本遵循，是新时代师德建设的依据和指南。因此，新时代师德建设要"坚持心中有党性，自觉坚定理想信念，强化政治意识；坚持心中有道德，自觉提升自身修养，强化伦理意识；坚持心中有责任，自觉夯实专业学识，强化责任意识；坚持心中有学生，自觉弘扬仁爱之心，强化服务意识"。①

---

① 坚定理想信念,自觉增强四种意识[EB/OL]．（2020-09-03）https：//wenku.baidu.com/view/5d0cf63c182e453610661ed9ad51f01dc2815718.html．

老师，请您记住学生的名字

近日到某中学参加教师听评课活动，学生在校园里见到老师时不同的行为引起了我们的思考。甲老师的学生见到他后，有的低头快速走过去，有的视而不见，有的退避三舍。可以看出来，学生对老师有一种"熟悉的陌生感"，老师和学生像"熟悉的陌生人"；乙老师的学生见到她后，有的看着老师，面带微笑点头与老师打招呼，有的亲热地问"某某老师好"，有的围上来反映问题。可以看出来，学生对老师既有对长辈那样的尊敬，又有知心朋友一样的平等。为什么两个老师的学生见到他们后的行为有这么大的不同？这些不同又说明了什么？

当我向甲老师提出"学生见到您为什么不打招呼"时，甲老师一脸的无奈：现在的孩子，还不都这样！在家里都是"小皇帝"，连父母都不尊重，何况是老师呢！他们根本就不把老师当回事！

当我问乙老师"为什么学生见到您都会打招呼表示对您尊重"时，乙老师说："其实一开始学生见到我也不打招呼。"我很好奇："您用了什么高招，让学生发生转变的？""其实我也没什么高招，只不过记住学生名字罢了。"乙老师说。

乙老师的话让我陷入了对往事的回顾。几十年前，我曾做过一段时间的中师老师，当时年轻，记忆力也好，所教的学生中绝大部分人的名字我还真的能够记住。几十年后，有的学生再见到我时都说，他们印象最深的不是我哪一次课讲的内容，而是我能够准确喊出他们的名字。有个学生说："刘老师，我印象最深的是有一次在操场散步，遇到您时，您竟然能喊出我的名字，能被老师叫出名字，我感到很自豪。"有位学生在信中写到："刘老师，我是一个性格特别内向的学生，我敢说连我的班主任也一定叫不出我的名字。但是，有一天放学回家，在学校大门口遇到您，您毫不犹豫地喊着我的名字亲切地给我打招呼，我感到好激动、好愉快、好幸福。回家的路上，我感到那天阳光分外明媚、分外灿烂，我脸上一直洋溢着幸福的微笑……"有一次在外地开会，遇到当年的一个学生，现在也成了本地的名师，她有意问我："刘老师，您还记得我叫什么吗？"当我准确叫出她的名字时，她激动得像个孩子，双手拉着我的手说："30年了，想不到刘老师还记得我的名字！"

爱默森说：教育成功的秘密在于尊重学生。而记住学生名字就是对学生的一种起码尊重，是师生平等交流的一个基础，是走进学生心田的一个媒介，是搞好课堂管理的一个抓手，是提高教学质量的一种手段，是建立良好师生关系的捷径。因此，《美国优秀教师行为守则26条》第一条就是"记住学生姓名"。可见，记住学生名字是非常重要的，可以说是教师的一项"基本功"。见到学生时能够喊出他的名字，不仅给他一个惊喜，而且让他感受到了老师的真切关怀和尊重。

其实，我对记住学生名字重要性的认识也有一个过程。刚任教时发生的一件事让我下定决心，一定要记住学生的名字。那是一个周一早晨，我正和一位老师在校园里散步，"老师好！"一个女孩子看到我和那位老师后，微笑着给我们打招呼。我们回应之后，那位教师随口问了一句："你是哪班的？"孩子很尴尬，红着脸小声说："老师，我就是您班的啊！"

这件事让我认识到，学生的名字虽然仅仅是一个代码、一个符号，但能不能记住，是对老师心中是否有学生、真正爱学生、发自内心的爱学生的一个考量。有些老师认为，教学工作本来就很累了，费那么大劲儿去记学生的名字有必要吗？然而，教师须知，学生的名字虽然只是一个符号，但记住学生的名字的意义和记住一个符号的意义不可同日而语。

老师们大都有这样的感觉：面对毕业多年的学生，当他们兴冲冲地来看望我们时，如果我们问："你是我哪一届的学生？你叫什么名字？"你会看到，学生本来很高兴的表情可能立即会低落下来，气氛会很尴尬。课堂上，当我们用"这个同学""那个同学""第几排几号"或"坐在后面的那些同学"等称呼学生时，学生的脸上常常写满了失落。班级管理实践告诉我们，每一个学生都有让老师记住名字的心理需求。课堂上，当我们叫出学生的名字时，能让学生感受到老师的关心和重视；在校园外与学生相遇，教师喊出学生的名字，能让学生感到温暖和荣幸。原因就在于我们所记住的不是一个符号，而是一个鲜活灵动的生命个体。

诚然，短时间内记不住学生的名字无可厚非。但是，做一个"四有"好老师，应该从记住学生的名字开始。教师记住学生名字的方法很多，这里介绍几种常用的方法：

一是姓名文化记忆法。人的名字是有文化含义的，当今孩子的名字有的是根据影视剧起的，有的是根据星座起的，有的是体现个性化的，有的是根据时代起的，有的是根据生活环境起的。分析学生名字的文化含义，有利于记住学生的名字。

二是外貌特征记忆法。每一个学生都有不同于他人的外貌特征，注意观察学生的外貌特征，并将之与学生名字联系起来，充分发挥联想的作用，学生无意义的姓名就会生动起来。比如，一个学生个子很高，我们可以联想"鹤立鸡群"的成语来记忆等。

三是交流谈心记忆法。及时就教学、班级管理等方面的问题与学生交流谈心。比如，对老师的教学有什么建议，希望老师采用什么样的管理方法，希望老师怎么对待犯错误的同学，等等。交流谈心可以是单个学生，也可以是几个学生。交流谈心时尽可能地把学生名字和他的性格特点联系起来，并将其变成激励学生的动力。比如有的老师通过交流谈心，很快记住了"高速小子"齐家浩、"全能姑娘"田喜、"动脑高手"张亿等个性特点突出的学生。

四是座次表填空法。接触一个新的班级学生后，带上空白的学生座次表，利用自习辅导或批改作业后的时间，对照座次表，把能叫出名字的学生填在相应位置，不能叫出名字的采用其他方法记忆。

五是联想场景记忆法。作为陌生的学生，见过一面，点一次名，没过多久就会忘记，但如果通过联想起和学生交往的一些场景，建立更多的联系，联想到学生的样子和名字就越容易。

记住学生名字，看似一件平凡简单的事儿，但正所谓"把简单的事情做好就是不简单，把平凡的事情做好就是不平凡"，苏联著名教育家阿莫纳什维利在《孩子们，你们好》一书中，就充满深情地记录了他在孩子们进校前努力记住他们姓名的情形。语文教育家斯霞老师，91岁还能叫出她教过的每一个学生的名字。这是多么值得我们学习的榜样！因此，我们要用更多的爱心、耐心和诚心记住学生的名字，让平凡的教育工作变得更有意义。

老师应当拘"小节"

我们在教师培训中发现,一线教师普遍存在不拘"小节"的现象。比如,上课迟到,随便出入教室;在教室内大呼小叫,大声接打手机;与任课教师打招呼不使用称呼;说话经常爆粗口;不修边幅,穿着短裤、背心、拖鞋进教室;坐在座位上左摇右晃、打哈欠;下课随地吐痰、随手扔垃圾等。

教师不拘"小节"有很多原因,比如,有的教师把自己等同于社会上的一般群众,认为爆粗口、穿拖鞋、随地吐痰等言行,社会上的人们不都是这样吗?这些都是小节,无伤大雅。有的老师认为自己在学校是教师,需要按照教师的标准要求自己;假期出来参加培训,自己的身份不是教师了,可以放松一下,没有必要按照老师的标准规范自己的言谈举止了;有的老师认为,自己各种不拘小节的行为,又没有表现在学生面前,学生看不见,不会对学生造成影响等。

事实上,教师上述各种不拘"小节"的言谈举止,不仅损害教师队伍的整体形象,而且会给学生发展带来诸多负面影响。有学者认为,要说世界上哪种人接受的监督最严格,没有谁能超得过教师。老师不拘"小节"虽然没有在学生面前表现出来,但正所谓"人在做,天在看",无论你是在自己的学校,还是在教师培训场所,甚至在社会的任何地方,人们会时刻关注教师的言谈举止。一旦有教师不拘"小节",人们就会做出这样的评价:现在的老师,素质真差!而且,教师不拘"小节"形成习惯后,会不自觉地在学生面前表现出来。众所周知,教师工作具有强烈的示范性,青少年学生具有很强的模仿能力，他们不仅会模仿老师文明的言谈举止，也会模仿老师的不拘"小节"。

所以，这些社会上的"小节"，是教育中的"大节"；老师不拘"小节"有伤教育的"大雅"；其实"大雅"恰恰是由"小节"构成的。"小节"不小，"细节决定成败"。因此，教师首先要充分认识"小节"的重要性。树立"学校无小事，事事是教育；教师无小节，处处做楷模"的理念，要认识到自己既处于人们的监督之下，又处于学生的仿效之中，教师的言行不仅会对学生产生影响，而且会对家长乃至社会产生影响。因此，要严格要求自己，时时刻刻用教师专业标准规范自己的言谈举止。

其次，要在慎独方面下功夫。《礼记·中庸》指出："道也者，不可须臾离也，可离，非道也。是故君子戒慎乎不睹，恐惧乎其所不闻，莫见乎隐，莫显乎微，故君子慎其独也。"即人们在独自活动无人监督的情况下，凭着高度自觉，按照一定的道德规范行动，而不做任何有违道德信念、做人原则之事。"慎独"是一种崇高的道德境界，是儒家倡导的具有中华民族特色的自我修身方法。"慎独"可以增强教师高尚道德人格的自觉性和紧迫感；可以提高教师的道德认知水平，增强教师的道德情感；可以培养教师的道德意志，坚定教师的道德信念；可以培养教师的自律意识，养成良好的道德习惯。因此，加强"慎独"修养，教师经常检查自己的言谈举止，反思自己的是非得失，可以自觉纠正言行偏差，完成从他律到自律的行为转变，真正做到"为人师表"。

总之，"小节"是教师人格的组成部分，是"任何教科书，任何道德箴言，任何惩罚和奖励制度都不能代替的一种教育力量"。教师要时刻注重工作、生活中的每一个"小节"，并使之成为宝贵的教育资源，为社会发展提供正能量，为学生发展提供好榜样。

老师要有"老师的样子"

昨天到某中学给老师上课,课间一教师因不满门卫制止其随地扔烟头而爆粗口,被门卫怒斥:"没有一点老师的样子!"

"老师的样子"是什么样子?专家学者们提出了很多标准,我们认为这些标准大致可以概括为"文质彬彬"。"文质彬彬"出自《论语·雍也》:"质胜文则野,文胜质则史。文质彬彬,然后君子。"孔子此言的"文"是指合乎"礼"的外在表现;"质"是指内在的仁德,"彬彬"是指协调适中的样子。在孔子看来,只有具备"仁"的内在品格,同时又能合乎"礼"地表现出来,方能成为"君子"。"老师的样子"也应当具备外在的"文"和内在的"质",而且"文""质""彬彬"。所以,"老师的样子"实质是老师内在素养与外在形象的统一。老师的内在素养包括老师的师德、个性、能力、信念等内在特质,外在形象是指老师的行为、仪态、外貌、服饰等外在表现。

老师为什么没有"老师的样子"?一是读书少。我们在课堂上做了一个随机调查:"您一年读过多少本书?"结果非常令人失望,作为教书匠的老师们,竟然有很多人除了教科书之外很少读其他书,一年读书超过20本的寥寥无几,更别说让读书成为他们的一种生活方式了。因为不读书,导致老师言语粗俗,行为放纵,目光短浅,精神空虚。二是角色意识差。有些老师在自己的学校能够清醒意识到自己是老师,比较注意自己的言谈举止;一旦出了自己学校的校门,就忘记了自己的老师身份,放纵自己的言行。甚至有群众提醒他"你是老师"的时候，还不以为然地说："老师怎么了，老师也是人！"不错，"老师也是人"，但不要忘了，老师不是一般的"人"，而是"人之模范"（杨雄《法言学行篇》），是"传道、授业、解惑"的人（韩愈《师说》），是"智如泉源,行可以为仪表"的人（《韩诗外传》），一句话，是"教书育人的人"。

作为"教书育人的人"，老师就要有"老师的样子"。那么，老师怎样才有"老师的样子"？总的来说要内外兼修。首先，外修"文"。有的老师认为，"只要我的业务能力强，课教得棒就行了。至于外表是无所谓的。"但是，"以貌取人""漂亮的人才值得爱"是人的普遍心理。美国迪金森大学教授奥斯特做过这样一个实验：向300多家公司寄去同一假想求职者的个人简历，请公司确定其薪水。结果显示，对形象修饰后的求职者，公司愿意付的薪水比形象修饰前高8%~30%。在人们对教师缺乏深入了解的情况下，评价教师首先看的就是教师的外在"文"。教师得体的衣着、和谐的色彩搭配、优雅的举止、幽默睿智的神情，往往传递出可亲、可信赖、知性、时尚等信息[1]，对人们产生较强的影响力和吸引力。孔子的学生评价他"温而厉、威而不猛、恭而安"，（《论语·述而》）即孔子温和、严肃、威仪而又不凶神恶煞，恭敬而安详，这是值得我们学习的。所以，教师要走出"人不可貌相"的误区，注重自己的外在形象，谈吐文明，行为优雅庄重。

其次，内修"质"。"文"是形式，"质"是内容。没有"质"的"文"难免让人产生"金玉其外，败絮其中"的感觉。因此，老师做到"文质彬彬"的关键在于"质"。老师具备优秀的"质"需要树立终身学习的理念，特别是要多读书。"腹有诗书气自华，最是书香能致远"。"知书"有助"达理"，无知就会无畏。作为老师要有"老师的样子"而不肯读书，恰如颜之推所言，是"犹求饱而懒营馔，欲暖而惰裁衣也"。吴英翠老师认为，我们能否用闲余时间多看两本书，能否在学生面前出口成

---

[1] 于晶.论教师良好的外表形象在师生关系建立中的作用[J].教育科学,2012,(02):27-28.

章,在大局面前稳如泰山,这便是考验我们的读书量。"世上几百年旧家无非积德,天下第一件好事还是读书"。教师经过书香日积月累的浸润,气质会逐渐变得高雅,情操也会逐渐变得高尚。

第三,"文""质""彬彬"。就是要言行一致,表里如一。朱熹说:"行之以忠者,是事事要着实,故某集注云:'以忠,则表里如一。'"(《朱子全书·论语》)。"言行一致,表里如一"要求教师对教育工作要敬于心、慎于言、笃于行(沈谦芳,2015)。敬于心,就要多读教育经典,熟悉教育规律,多学教育政策,从内心深处尊重教育规律,不断增强搞好教育教学工作的自信自觉。慎于言,就要说真话,说文明话;不说假话,不爆粗口,弄清楚对于教师来说什么话该说、什么话不该说。要杜绝阳奉阴违、当面一套背后一套的"双重人格",言必行,行必果。笃于行,就要积极投身教育教学,自觉遵守师德规范,时刻不忘自己是一个老师,尽到自己应尽的义务和责任。

"百年大计,教育为本;教育大计,教师为本。""振兴民族的希望在教育,振兴教育的希望在教师。"老师不同的样子会给社会和学生带来不同的影响,老师的"好样子"会让人们看到民族的希望,会给学生树立正面的榜样;老师的"坏样子"会让人们对教育失望,会给学生树立反面的典型。因此,每一位老师都应时刻关注自己的"样子",及时追问:"作为一个教师,我是'文质彬彬'的吗?"

教师品格 细节铸就

教师品格就是教师品位、格调的总和,是教师的整体气质,表现在教师言谈举止、一颦一笑的细节中。他进入学校,看到一个纸片,是视而不见,还是弯腰捡起,放入垃圾箱?他走进教室,对学生是面带笑容还是素面冷颜?在楼梯上,他是谦和地让人,还是旁若无人甚至把别人挤开?学生犯了错误,他会宽容学生吗?他与同事说话的态度和蔼吗?他是如何拍掉手上、身上的粉笔末的?他是怎么从学生手里接过作业本的?他尊老爱幼吗?他对人以礼相待吗?在没人看见的地方,他显得有教养吗?能遵守原则、规范吗?

有这样一个故事,台湾有一位博士,在意大利某名牌鞋店买鞋。最合脚的尺码卖完了,他便选了一双小一码的,但有一点紧。他想,反正鞋穿穿会松的,于是要掏钱买,可售货员拒绝卖给他,理由是顾客试穿时表情不对劲,"我不能将顾客买了会后悔的鞋子卖出去"。这就是成熟的企业服务客户的细节。

其实,教育何尝不是如此?最能体现教师品格的,常常不是老师惊天动地的壮举,气吞山河的话语,深奥玄妙的道理,而是老师教育教学中的一些细节。教师见到学生时一声热情的招呼,与学生发生误会时一个善意的微笑,课堂提问时一道鼓励的目光……这些细节往往使学生终生难忘,正是这些细节,铸就了教师的品格。

教育,作为人类精致的精神活动,更是体现在日常生活的点点滴滴中。学校作为专门培养人的社会机构,更应该关注细节,用细节体现和彰显教育的内涵与真谛。细节,从语义上来说,是"细小的环节或情节",它包含了细微、细致、精细等含义。细节是构成事物最基本的内容和方式,是对事物细微仔细的观察与把握。它的存在状态和改善的程度,是决定事物存在与发展的基础,甚至具有决定性的意义。对每个细节的关注与关心,才能凝聚成我们所期望的理想结果。因此,细节是成就大事不可缺少的基础,伟大源于细节的积累,聚集细节,才能升华事物的品质。在很多时候,细节是关系全局、牵一发而动全身的关键因素。如果说任何事物都是一个从量变到质变的过程。那么,体现量变的细节问题就显得尤为重要。通过细节可以看到事物发展的面貌与方向,事物的发展又要通过细节去展开行动,在细节上去落实的"执行力"。①

那么,教师如何用细节铸就自己的品格呢?

首先,要认识细节的重要性。人的行动是受其思想意识支配的,对细节的重要性认识不足、了解不够,是不可能做好细节的。因此,不但每一个教育者要深刻领会,而且还有责任教育全体学生,重视细节,关注细节,充分认识细节的重要性。关于细节的不等式形象地说明了关注细节的重要性:$100-1\neq99$;$100-1=0$;功亏一篑,1%的错误会导致100%的失败。

其次,教师要以身作则,把重视细节的精神转化为日常工作的实际行动。《人民教育》上曾登过《斯霞和孩子》的长篇通讯。当一位小朋友读书出现小错误,她俯下身子和蔼地说"错了没关系,再试试看";一位小朋友文具盒碰到桌边了,她为他放好;一位同学的红领巾几乎歪到后边去了,她为他扶正。"母爱"就是在这些细枝末节上体现出来的!"尊重"就是这样自然流露出来的!

苏霍姆林斯基说:"我有上千次跟教师的谈话仍在我的记忆中,其中有一些在我心中留下了愉快的印象,有一些则是不愉快的。我不止一次地不得不为教师的一句话甚至一丝微笑或一个发怒的眼神而跟他进行一个钟头、两个钟头、三个钟头的谈话。"他举例说,"有一次,在五年级一个

---

① 李瑾瑜.学校教育品质细节铸就[EB/OL].http://blog.sina.com.cn.

班上检查家庭作业时,文学课的女教师叫来一个比较差的学生。教师对这个学生造的一个句子感到不满意,她对学生指了指句子,一句话都未说,挥了一下手。"这一个细微的动作引起了苏霍姆林斯基的关注。"随后我花了很长时间跟这位教师谈话,证明她错了,向她说明,她这一挥手反映了她的教育观点——对待学生态度冷漠,不相信这个学生能做出什么好事,默认坏学生永远是坏学生这一错误的观点。"课堂问候语被我们看成是学校生活中再小不过的事,但在苏联著名的教育革新家阿莫纳什维利看来,"怎样说'孩子们,你们好'!这是一个重要的教育学问题。"因为,"问候语的特殊语气——令人好感的、和蔼可亲的、慈祥的、激起精神的、交际幸福的语气,怎能不看作是培养人与人之间的爱和信任的一种手段呢?而有时过于严肃、死板,有时声音太高、故意做作,有时应付了事,又会产生怎样的教育影响?"就是从教师对学生的问候语这样一个细微现象的感悟中,阿莫纳什维利总结出了这样的教育名言:"如果我力图显示出自己对儿童的真正的爱,我就必须以最完美的形式去显示它。"他所说的"最完美的形式",其实就是需要用心的一个个细节。

再次,要学会用细节服务学生。用细节服务学生,一要树立为学生服务的意识。传统的教育观只是把学生当作教育的对象,而没有视为服务的对象。在新课改下,这种观念已经显得非常狭隘了。当前市场经济条件下,我们要把教育看作是特殊的服务行业,以人为本,立德树人,为学生提供优质的教育教学服务。二要以平等的身份,努力成为学生的知心朋友。要深入了解学生的需要,及时提供他们所需的帮助;挖掘学生的潜能,扬长避短,促进学生个性化发展。三要弄清学生需要的性质。学生的需要很多,从性质上看,既有合理的需要,也有不合理的需要。凡是能促进学生健康成长、对其发展有益的需要,就是合理的需要;反之,就是不合理的需要。对学生合理的需要,我们要创造条件满足,对学生不合理的需要,教师要果断拒绝。

总之,教师要牢固树立重视细节观念,以身作则,服务学生,凡事从大处着眼,从小事做起,紧抠细节,把教育工作的方方面面做得细而又细。

教师该不该让迟到的学生喊报告

"教师该不该让迟到的学生喊报告?"这个看似不是问题的问题,在今天的教师培训班上一提出,就引起了参加培训老师的热议,两种观点针锋相对。认为"学生迟到应该喊报告"的理由是:学生迟到喊报告是对老师的尊重,可以培养学生尊师的感情,可以培养学生遵守纪律的习惯,可以提高老师的威信。特别是现在的孩子,自我为中心,目无老师,所以迟到必须得喊报告,起到"杀一儆百"的作用。认为"学生迟到不应该喊报告"的理由是:学生已经迟到了,再让他喊报告,会耽误迟到者更多的时间,会打断老师的教学思路,还会分散其他同学的注意力,影响其他同学学习,特别是对迟到学生的惩罚,会让学生产生"迟到=耻辱=惩罚"的不良心理暗示,造成学生的逆反和对教师的反感。因此,喊报告大可不必,迟到的学生悄悄坐到座位上,既不打断老师讲课的思路,又不影响其他同学上课,自己也没有那么尴尬,何乐而不为?

双方你一言我一语,踊跃发言,气氛热烈,大家的思想得到了充分的交流。最后,在充分交流的基础上,大家达成如下共识:

首先,"学生迟到该不该喊报告"要具体问题具体分析。如果班级规章制度有明确规定,或者任课老师提前对学生有"迟到必须喊报告"的要求,那么,就要按照班级制度或老师的要求执行,因为班规是大家制定的,大家就应当遵守,毕竟"没有规矩就没有方圆";如果班级规章制度没有这方面的明确规定,或者老师提前没有要求"学生迟到必须喊报告",那么,学生迟到了可以喊报告,也可以不喊报告。

其次，老师对"学生迟到是否喊报告"不要太敏感，更不要上纲上线。学生迟到没有喊报告，也不一定是对老师不尊重，喊报告也不一定是对老师尊重；学生迟到不喊报告也是有原因的，有的是因为上节课老师拖堂，学生上卫生间后匆匆忙忙跑进教室，即使班规规定迟到要喊报告，学生也可能不会喊；有的是学生性格比较内向，很腼腆，迟到后不敢喊报告，有的是因为家长溺爱或管不住孩子，放弃对孩子的教育，而导致孩子纪律性差……所以，老师一定要弄清原因再下结论。否则，因为学生迟到没喊报告就认为学生对教师不尊重，就大发雷霆，就给学生贴上"迟到大王"的标签，甚至罚学生站教室外面，罚学生擦黑板，罚学生打扫卫生等做法，很可能会冤枉学生，也可能激化师生矛盾，搞得课堂气氛紧张，影响课堂教学的进行。这是和老师让学生迟到喊报告的初衷背道而驰的。

第三，老师的威信主要不是靠严厉树立的，更不是让学生迟到喊报告树立的，而主要是靠教师高尚的人格、高水平的教学树立的。其实，真正人格高尚、教学水平高的老师大部分是很宽容的，不会因为学生上课迟到没喊报告就不让学生进教室，更不会因学生迟到没喊报告而愤恨，他们的课学生也轻易不愿意迟到，因为上这样的老师的课是一种享受。

归根结底，老师要弄清楚"学生迟到了为什么要喊报告或为什么不要喊报告"，处理好保护学生人格和遵守规则之间的冲突。很多有经验的老师的做法是：把教室的后门打开，让迟到的学生从后门悄悄地进入，把迟到学生对教学的影响降到最低。[①]如果学生经常迟到，老师就要与家长、学生沟通，根据实际情况，选择老师、家长、学生都能接受而又有效的避免迟到的方法。迟到现象杜绝了，可学生离我们老师越来越远，这也是我们不愿意看到的。因此，学生迟到喊不喊报告看起来是个小问题，实际上是影响教师教学和学生发展的大问题。面对孩子鲜活的生命，处理这样的"小问题"应当慎之又慎。

---

① 肖伶俐.从学生迟到谈教育[J].教育教学论坛，2011，（02）：140.

老师为什么得不到学生尊重

放暑假前,我们到某中学搞调研,目睹了这样一个情景:一个学生问老师问题,远远地向老师招手高喊:"唉,那谁谁,过来给我讲讲这道题!"被学生称为"那谁谁"的老师,还真的走过去耐心给学生讲了题。待老师给学生讲过题,学生离去后,我和学生称呼"那谁谁"的老师交流:"老师,您不应该先给学生讲题,您应该先教学生尊重老师——教学生问老师问题时怎样给老师打招呼。"这位老师不以为然地感叹道:"没办法,现在的孩子都这样!""您想过为什么现在的孩子都这样吗?"面对我的追问,老师陷入沉思。

"现在的孩子都这样"显然是夸大其词,因为大部分孩子还是尊重老师的。但是,不可否认的是,像这样不尊重老师的学生也绝非个例,上网"百度一下","你就知道"不尊重老师的现象确实相当普遍,不尊重老师的方式也花样百出,有给老师起绰号的,有上课出老师洋相的,甚至有辱骂、殴打老师的,不一而足。孩子为什么不尊重老师?固然有很多复杂的原因,比如社会大环境的影响,家庭教育的偏差,学生自身的特点,等等。而作为教书育人的老师,忽视对学生进行尊师的教育,无疑是一个主要原因。

我国古代教育名著《学记》中说:"玉不琢,不成器;人不学,不知道。"意思是玉石不经雕琢,就不能变成好的器物;人不经过学习,就不会明白其中的道理。学生对教师的尊重是"学而知之"而不是"生而知之",因此,需要教师关注学生对老师的态度并对学生进行尊师教育。但是，我们的老师关注的是什么？对学生进行的又是什么样的教育？很多老师关注的是学生的考试分数、名次，对学生进行的教育是"考高分才是硬道理"。至于对教师的尊重，有多少老师自觉地去引导学生、教育学生？"用进废退"，老师长期忽视对学生进行尊师教育，学生这方面的知识和能力必然"退化"。

"虽有佳肴，弗食不知其旨也；虽有至道，弗学不知其善也。"学生尊重老师是"佳肴"，是"至道"，对提升老师的职业幸福感，建立融洽的师生关系，促进学生发展都有积极意义。那么，怎样让学生"食佳肴知其旨，学至道知其善"呢？我们认为学校、教师、家庭都应当注重对学生进行尊师教育。

首先，学校转变教育评价观念。《基础教育课程改革纲要（试行）》强调"建立促进学生全面发展的评价体系。评价不仅要关注学生的学业成绩，而且要发现和发展学生多方面的潜能，了解学生发展中的需求，帮助学生认识自我，建立自信"。因此，教师在评价学生时不能"重成才轻成人"，不能"重分数轻品德"，不能"重智商轻情商"，应当紧紧围绕"促进学生全面发展"进行评价。

其次，教师注重"立德树人"。"磨烂嘴皮子，不如做出好样子"。教师的劳动有强烈的示范性特点，引导学生尊重老师，老师的以身作则的"无言之教"起着关键作用。唐朝文学家韩愈特别强调"以身立教"，认为这样的教师"其身亡而其教存"。教育实践也证明，学生不尊重老师，和缺乏尊师教育有关，和老师没有做出尊重的表率也有关；学生如果得到老师的尊重，那么相反教育学生尊重老师就容易得多。

再次，家长要切实尊重老师。"家庭是孩子的第一所学校，父母是孩子的第一任老师。"孩子在"第一所学校"里接受"第一任老师"的尊师教育，会对孩子在学校尊重老师打下良好的第一印象基础。现在，有的家长一方面希望孩子接受好的教育，一方面又不尊重教师。怎么可能"梦想成真"？因此，家长应当切记：老师得不到真正的尊重，哪里来的好教育？

教师要读懂学生"最后通牒"的意蕴

在不久前一个班主任培训班上,一位班主任给我讲了这样一件事:某日,两个初中三年级学生发生纠纷,继而大打出手。他的同事、发生纠纷学生的班主任一边劝阻,一边拉住其中一位学生批评他:"你又跟人打架,我看你就是一个扶不起的'阿斗'!"这时,被班主任拉住的那个学生对班主任怒吼着发出"最后通牒":"松开手!你再拉我一下试试看!"班主任也是年轻气盛:"我就拉你!我看你能怎么样!"结果,这个学生失去理智,对着班主任的脸就是一拳,班主任"自卫还击",师生"打成一片",然后被众学生拉开。

班主任与学生为何会发生这样的冲突?从起因看,这起师生冲突的"发起者"是学生,班主任是受到伤害后被动"还击",学生在冲突中负主要责任,班主任在冲突中负次要责任。而且,从师生伦理上讲,教师作为"传道授业解惑"的长者,学生理所当然地要尊重老师。但作为该班班主任,有没有做得不妥、值得反思的地方?显然是有的。

首先,班主任主观武断,没有调查学生发生纠纷的原因,就主观臆断该学生"又跟人打架""就是一个扶不起的'阿斗'!"[①]教师的这种主观臆断实际上是一种语言暴力,其对学生的伤害与拳打脚踢的行为暴力造成

---

① 王爱苗.语言伤害:不容忽视的软暴力[J].教学与管理,2006(6).

的伤害相比有过之而无不及。①

其次，班主任没有读懂学生"最后通牒"的意义。"最后通牒"本来是一个外交辞令，即"没有谈判余地的最后要求"。对方如果不接纳"最后通牒"，下一步就是严厉的制裁甚至是宣战。学生的"最后通牒"当然和外交有别，但也有相同的意味："如果教师不按照我的要求做，我就要采取行动！"这实际是给教师一个信号："别惹我，烦着呢！"在这次师生冲突中，学生怒吼"松开手！你再拉我一下试试看"的"最后通牒"，已经明确告诉了老师："你再不松手我就要对你不客气！"从博弈论的角度看，学生和班主任的博弈已进入最后阶段——非理性博弈阶段，师生二人都失去理智，从追求自身利益的最大化转变为追求对方损失的最大化。②作为教育者的班主任不应该只着眼于与学生博弈的胜负而忘记了教育的本质；应当读懂学生"最后通牒"的意义，关照矛盾双方的正当利益。积极创造条件，引导双方及时沟通，促进双方相互理解，改善双方紧张的关系。

再次，教师处理学生纠纷的方式不够专业。教师的语言暴力、沟通能力的欠缺、情绪管理能力较差、处理问题方式的简单化，都反映出教师处理学生纠纷的方式不够专业。专业的处理方式是在制止学生打架后，弄清打架的原因，公正处理学生的纠纷。

---

① 秦雯，窦田田.农村小学教师"语言暴力"现象探析[J].教学与管理,2015,(8)：72.

② 张蒲临，陈东立.动态博弈视野下的高中师生伤害性冲突案例分析[J].教学与管理，2019，(02)：59-61.

由课堂生成看教师健康

记得几年前,我们应邀到周口市某区给老师做师德报告。报告大约进行了一个小时,一个女教师突然站起,踉跄了几步,一头栽倒在地。我立即飞跑过去,一看这位教师满脸是血,脸色像白纸一样,呼吸急促……没等我反应过来,该区教育局的一个领导立即拨打了120。那天气温很高,印象中得有38℃,教室里没有空调(好像也没有电扇),气温更高。有老师议论说那位女教师中暑了。回到讲台,我心里非常难过,当即调整了讲座的内容,改讲《我的健康我做主》。希望教师能够做一个健康的人,因为在我看来,有健康的教师,才能培养出健康的学生;有健康的学生,才有我们这个民族健康的未来。

无独有偶,2014年11月26日下午,魏宏聚教授在周口市川汇区教师进修学校给老师做报告(对两周前听的两节课堂教学设计进行反馈和诊断)时,一位老师也是突发疾病,险些摔倒。魏老师立即对这个突发事件进行了处理,短暂的休息后,魏老师也非常关切地谈到教师的健康问题,希望教师要加强锻炼,而且以自己的切身体会,说明锻炼身体的重要性。

这两个课堂生成事件看来和教师的健康关系不大,但是我认为这恰恰是教师健康状况的一个"晴雨表",说明周口市教师的身体健康状况不令人乐观。对教师的健康状况我没有进行全面的调查,但也经常同一些中小学校长、教师交谈。他们一致反映,多年以来有关部门没有给教师体检过。教师平时工作中,大都提着一口气,一般的病能忍就忍,不愿意轻易请假(大部分学校请假要扣钱、扣积分,周口市川汇区教师的工资低的可怜)。等明显感觉身体不适,支撑不了时,有的已经大病缠身了。

早在1999年7月,《中共中央 国务院关于深化教育改革全面推进素质教育的决定》就明确指出:"学校教育要树立健康第一的指导思想"2006年,教育部 国家体育总局 共青团中央又做出了《关于开展全国亿万学生阳光体育运动的决定》,提出:"开展阳光体育运动,要营造良好的舆论氛围。通过多种形式,大力宣传阳光体育运动,广泛传播健康理念,使'健康第一''达标争优、强健体魄''每天锻炼一小时,健康工作五十年,幸福生活一辈子'等口号家喻户晓,深入人心。建立评比表彰制度,对在阳光体育运动中取得优异成绩的单位和个人给予表彰,以唤起全社会对学生体质健康的广泛关注,吸引家庭和社会力量共同支持阳光体育运动的开展。"

因此,作为一个教育工作者,我们应当带头落实"健康第一"的指导思想,以阳光、开朗、向上的面貌出现在学生面前。据我们对网络上教师伤害学生的10起事件进行分析发现,教师本人在不健康的状态下伤害学生的事件占到6起。我们不难想象,当教师身心健康时,对一些事情一般会看得比较开,对学生也会比较宽容,不会跟学生去较真。就像一些教师所说的:"林子大了什么样的鸟都有,孩子多了什么样的学生都有。有的学生就是草的基因,老师再怎么精心施肥、浇水,他也不可能长成参天栋梁。""没有教不好的学生,恐怕是一个美丽的谎言。""不要苛求完美,因为人无完人。"这些都是教师健康状态下的心理。教师健康状态下,一般就会比较理智、比较冷静,会坚守教育法规的底线,不太会伤害学生。

但是,一个老师不健康时,特别是他"带病坚持上课,轻伤不下火线"时,一旦有学生"冒犯"他,这些教师就感到非常委屈:我带病给你们上课,你们还捣乱(实际学生并不知道他带病上课)。继而就可能丧失理智,对学生"该出手时就出手"了。这样自然就难免给学生造成身心伤害。因为此时教师处于"狂怒"的状态,就会口不择言,行不择拳,而且控制不住情绪,把握不住力度,做出自己悔恨的伤害学生的事情。

有人做过这样一个试验:下面七样东西如果让你最先丢掉一样,你会丢掉什么?如果让你最后保留一样,你会保留什么?

金钱，权力，美貌，机敏，才华，健康，诚信。

结果发现，人们最先丢掉的很不相同，有最先丢掉权力的，有最先丢掉金钱的，有最先丢掉美貌的……但人们最后保留的，无一例外是健康！

这说明了什么？健康是 1，其他是 0。

依我们愚见，作为教师，我们的确到了该考虑我们健康的时候了！

二十年后学生的报复给教师什么样的警示

2020年某天，教师殴打学生的事件不断见诸媒体。其中"学生掌掴老师"的视频最为吸睛。事情的起因是：20年前常同学被其老师张某殴打，20年后，常同学当街拦住当年殴打自己的张老师，连续狠扇其耳光，持续20多分钟，并进行录像。掌掴老师的视频在网上发酵，一时间变成了"热播剧"：为常同学点赞，甚至大称快意者有之：当年你（教师）暴虐一个无辜的学生，"在江湖上混，欠了的总是要还的；在学校里当教师，暴虐学生总是要遭报应的""不是不报，时候未到""君子报仇，十年不晚"；为张老师鸣不平者有之：当街扇老师耳光，行为令人发指，必须依法严惩施暴者，坚决维护教师尊严。

"热播剧"以常同学被刑拘而告终。但是，"学生掌掴老师"带给我们的思考远远没有结束。此类报复老师的事件至少给了我们教师三个方面的警示。

警示一：教师要加强自己的人格修炼。教师人格是其思想、道德、行为、举止、气质、风度、知识、能力等诸多因素的综合。优秀教师无不以其高尚的人格之光照耀学生的心灵，潜移默化地影响着学生的人格。心理学家荣格的研究表明，教师高尚的人格是一种无形的教育力量，对学生产生潜移默化的影响，具有激励、感染、示范和促进等不可替代的作用。正如俄国著名的教育家乌申斯基所说的："只有在人格的直接影响下，才能培养并发展学生的智力和品德，不可能用任何形式、任何纪律、任何规章和课程时间来人为地代替人格的影响……教师的人格作用是使青少年心灵开花结果的阳光。"因此，自古以来，教师人格就是中外教育家高度关注的话题。进入新时代，我国教师人格更是呈现出新的内涵和要求，有必要对教师人格重新审视。当前，教师人格还存在诸多缺陷。表现为：有的教师认识偏激、兴趣狭窄；有的教师情感淡漠、性格懦弱；有的教师意志薄弱、自制力差；有的教师能力低下、盲目冲动。教师的这些人格缺陷，常常使教师对学生的认知产生"意义障碍"。"我是教师，学生就得听我的""听话的学生就是好学生""能考高分的学生就是好学生""严师出高徒，打你是为你好""打你是你有问题，我怎么不打别人""打你是我对你负责任，否则请我打你我也不打"。这些错误的学生观使教师面对学生的问题，不是分析原因、探索对策，而是经常抱怨：这些学生真是太差了；这些学生怎么会这样啊？我真是太倒霉了，遇上这些"熊孩子"。教师对学生认知的"意义障碍"，使教师对教育工作产生倦怠、抗拒心理，不仅不主动地进行反思，而且听不进去不同的声音。这样，就阻止了教师健康人格的形成。

因此，在我国高度重视教师队伍建设、促进教师专业化背景下，要正视传统教师人格要求存在的不足，赋予教师人格新的精神意蕴。作为新时代的教师，要完成立德树人的根本任务，必须具有良好的人格特质，不断加强自我学习、自我反思，修炼内在人格素质。要按照不久前教育部印发的《新时代教师职业行为十项准则》的要求，进一步规范自己的职业行为。与时俱进，坚定政治方向，贯彻教育方针；潜心教书育人，遵循教育规律和学生成长规律，因材施教，教学相长；真心关爱学生，严格要求学生，做学生的良师益友。要善于自我调节，保持良好的心态。以奋发的精神感染学生，以积极的言行引领学生，以高度的责任感和事业心带动学生。要注重仪表，举止文明，做到内在素养和外在行为的统一。特别是，教师要走出"只要我的课讲得好，学生对我的仪表不会在意""不修边幅是有个性""邋邋遢遢是一种潇洒"等不讲仪表的误区；要走出"我说话虽然难听，但'忠言逆耳'，我是为学生好"等不讲"口德"的误区，加强仪表、言谈举止方面的修养，做有理想信念、有道德情操、有扎实知识、有仁爱之心的"四有"好老师。要坚决杜绝拳打踢脚、揪头发、扇耳光等不文明的教育方式，讲究教育伦理，过有道德的教育生活；坚持言行雅正，采用文明、人道、专业、科学的教育方式，加强对学生的了解，把教育工作做到学生的需要之处。

警示二：教师要注重学生的人格培养。德国哲学家雅斯贝尔斯说："所谓的分数、学历甚至知识都不是教育的本质，教育的本质是：一棵树摇动另一棵树，一朵云推动另一朵云，一个灵魂唤醒另一个灵魂。"教师在加强自己的人格修炼、为人师表的同时，要注重学生的人格培养。长期以来，由于教师忽视自己的人格修炼和对学生的人格培养，加之强大的应试压力、不良的环境影响，造成了一些学生人格的畸形甚至分裂，主要表现为：厌学、多疑、自尊心强而脆弱；焦虑、嫉妒、自我中心；敏感、认识偏激，易走极端，报复心强；不善自制，容易激动，或因一件小事而大怒或颓废，或因父母或老师的批评而紧关房门，或摔东西表示不满。吸烟、喝酒、打架、骂人、闹事等现象时有发生。① 以掌掴老师的常同学为例，如果是一个人格健全的成年人，面对年过半百的老师，怎可能会当街拦住连续狠扇老师耳光20多分钟？忍心下得去手吗？所以，培养学生健康人格，是教育工作的应有之义。为此，教师要牢记教育使命，不忘教育初心，贯彻党的教育方针；落实立德树人根本任务，真心关爱学生；要处理好"一阵子"和"一辈子"的关系，即教师虽然只教学生"一阵子"，但是要想到学生发展的"一辈子"。要用批判、反思和创新促进自己的专业发展，② 做反思型、创新型教师，并培养学生的批判和创新意识、能力。

警示三：教师要掌握非暴力处理问题的技能。受"严师出高徒""不打不成才"等传统教育观影响，几十年前教师教育学生时，采用体罚等简单粗暴的教育方式，家长还是能接受的。但是，随着社会的发展，文明的进步，人们拒绝教师拳打脚踢等不文明的教育方式，渴望更加人文和科学的教育方式，这对教师提出了新要求。不文明的教育行为很容易被判定为师德问题，而细究所谓的师德问题，我们会发现被举报的教师其实"师德

---

① 周秀元.中学生人格缺陷及成因分析[J].科学咨询,2008(01)：11.

② 戚万学,唐汉卫.教师专业化时代的教师人格[J].教育研究,2008,(05)：64.

没有问题"：他们做事认真踏实、负责肯干。他们自己也困惑："为什么对他们的孩子负责任，还要受到苛责？！"所以，体罚学生更深层次的是师能问题。很多用心用力想把学生教好的教师，燃烧了自己却点不亮别人，问题就出在缺乏专业技能上。① 为此，教师要掌握非暴力处理问题的技能。

一是对待学生的问题和问题学生时要冷静，管理好自己的情绪。不考虑教师的专业技能和大的社会环境，只谴责教师的道德，并无助于问题的解决。在整个社会戾气弥散背景下，不应该压制教师的不良情绪，而应该分析教师产生不良情绪的根源，② 引导教师掌握管理好情绪的方法，掌握非暴力处理问题的技能，找到正当的途径宣泄或转移不良情绪。诚然，教师采取不文明的教育方式，应当受到批评和谴责。但只是谴责而没有专业指导，会让教师在强大的舆论压力下放弃对集体教育的优化。正如有些教师感慨的那样："这也不能做，那也不合理，这教师没法当了。"找不到文明教育的应有出路时，教师若出现集体怠教行为，那将是更为隐蔽的师德滑坡，是更为严重的教育质量下降。③

二是学校要营造"施暴可耻"的文化氛围。为什么"掌掴教师"事件很多人觉得"情有可原"？甚至有学生和村民自发联名向公安机关写信，证明常同学是好人。的确，常同学在乐善好施时是好人，他当年被老师殴打值得同情。但是，"好人""值得同情的人"做的事就一定好吗？关于同情"弱者"这一点，人民日报评论员李拯说得最到位：同情"弱者"是人之常情，但不问是非、不分对错地滥用同情，则走向了极端和反面，容易让"标签思维"左右事实还原，让"情绪宣泄"取代价值判断。"弱者"身份值得同情，但"弱者"标签不是暴力的通行证、免责的挡箭牌。④ 因此，李拯呼吁："所有人都有必要凝聚这样的文明共识：暴力应该反对，无论它以什么名义；戾气应该谴责，无论它以什么形式。"总之，"施暴有理"有悖文明底线。

---

① 戚万学，唐汉卫.教师专业化时代的教师人格[J].教育研究,2008,(05)：64.
② 殷飞.师德问题背后或存在师能短板[N].中国教育报,2018-12-13-11.
③ 徐晋华.论戾气弥散下教师的情绪管理[J].教育评论,2014,(06)：62.
④ 殷飞.师德问题背后或存在师能短板[N].中国教育报,2018-12-13-11.

殴师"魔咒"如何破解

《礼记·学记》云:"凡学之道,严师为难。师严,然后道尊,道尊然后民知敬学。"习近平总书记在去年全国教育大会上强调:"全党全社会要弘扬尊师重教的社会风尚,努力提高教师政治地位、社会地位、职业地位,让广大教师享有应有的社会声望,在教书育人岗位上为党和人民事业作出新的更大的贡献。"石中英教授认为,"在中华民族数千年积淀的优秀教育文化传统中,最重要的就是师道尊严、尊师重教的传统。"[①] 然而,近年来,在教育改革要坚持文化自信的背景下,这种传统非但没有得到发扬光大,反而被严重扭曲,导致"辱师""贱师"现象屡屡发生。"中学生殴打老师事件""又一起老师被暴打事件""学生围殴教师事件"……诸如此类的教师遭学生、家长殴打事件刷屏。我们粗略统计了一下,三年来发生的学生殴打教师事件超过15起。这些报道不能不引起我们深思:老师何以屡屡遭受殴打?老师屡遭殴打的"魔咒"能不能破解?如何破解?本文试从教师屡遭殴打的报道中,探寻其原因,以期破解老师屡遭殴打的"魔咒",促进全社会尊师重教的氛围的形成。

一、成因探析:教师何以屡遭殴打

家长"护短",偏听偏信。在殴打教师的报道中,很多学生家长认为,自己的孩子殴打老师,准是老师"有问题","否则,我孩子怎么会打老

---

① 石中英.师道尊严的历史本意与时代意义[J].当代教师教育,2017,(02):18-19.

师呢?""我儿子怎么不打其他老师偏偏打你这个老师呢?""我孩子作弊是不好,但是孩子作弊可以教育啊,怎么可以处分呢?""我孩子抄作业、玩手机是不好,但是可以告诉我们家长啊,为何要给他警告呢?""我们自己知道怎么管小孩。是你们学校的校规有问题,上课玩个游戏有什么大惊小怪的。"家长认为"我的孩子没问题",孩子打老师自然是"老师有问题"!正是有这样的认识,有的家长在孩子殴打老师后不仅毫无愧意和歉意,反而感到孩子殴打老师理所应当。还有的家长偏听偏信,"在学校门口听说小孩被老师殴打后,将老师拦截并发生争执,把老师殴打倒地致头部受伤。"看到或者听到孩子"受伤害"后,不问情由,就对教师"痛下杀手"。

学生"任性",人格残缺。从殴打老师的报道中,我们不能武断地说殴打老师的学生都是"问题学生";但是,我们发现,殴打老师的学生的确鲜有优秀的、人格健全的学生。相反,这些学生在人格方面大都有"任性"甚至"嚣张"的共性。比如,媒体报道某中学的学生围殴教师,是"考试结束后,老师要拿走试卷,学生不但不交卷,还出口成脏"。"一名学生殴打女老师,棍子打断又脚踢小腹";如果一个人格健全的学生,决不可能"出口成脏"。"殴打女老师棍子打断又脚踢小腹"。学生为什么"任性""嚣张",固然有很多原因,但不可否认,一些传媒起了推波助澜的作用。比如,某电影里面有一个桥段,老师凶神恶煞批评学生时,一个学生套住了老师头,其他学生趁势群殴老师。这个桥段的设计,反应了当前社会中的一种价值倾向:老师是"反派","打老师"是一种英雄的行为,甚至成了童年时不敢完成的"梦想"。

保护过度,惩戒不力。很多学者认为,《未成年人保护法》确实很好地保护了一部分未成年人,但是实践中存在"保护过度"现象,这部分被过度保护的孩子违法犯罪后甚至不需要承担法律责任,这在一定程度上是对这些有人格缺陷孩子的纵容。纵容这些孩子,必然会伤害另一部分孩子甚至成人。相关报道中我们看到确实是这样。在一个"两名男生疯狂暴打教师"的事件中,"教师被连番殴打,两名打老师的学生完全不理会劝阻。老师随后被送医院治疗,两名伤人的男生则仅被批评教育"。在一个

"学生群殴老师"的事件中,"面对记者的采访,校长说'被学生群殴的老师并无明显伤情,群殴老师的几名同学也都在正常上课,学校已恢复正常教学秩序'。"教师被多个学生四轮板凳猛击,居然"无明显伤情",而且学生还继续上课,不需要负任何责任!殴打老师者不需要付出违法成本和代价,不需要负任何责任,老师的尊严和安全何以得到保障?有学者说,如若殴打老师、欺凌同学者被未成年人保护法罩着,那受害老师和孩子的合法权益又该如何保护呢?

教师处理学生问题不够专业,缺乏自我保护意识。以被围殴的教师为例,当"考试结束后,学生拒不交卷,出口成脏"时,比较专业的处理方式是"把学生的违纪行为如实记录到考场记录上",而不是"拽住学生衣领""制服"学生。试想,如果当时老师采用记录学生违纪行为、不与学生纠缠,是不是可以避免被围殴?事实上,如果教师不与学生纠缠,在考场记录上如实记录后离开考场,反而会起到一定的震慑作用。老师采用不专业的方式处理学生问题后,又没有预想到不专业的处理方式会激怒学生,导致学生丧失理智,做事不计后果。我们在与教师的交流中发现,老师很少考虑"我这样做学生有什么样的感受""我这样做学生会有什么样的反应"等问题,他们"根本就没有想过学生会打老师",因为没有想过这个问题,所以也就没有防范和自我保护意识,造成"被学生殴打,棍子打断又脚踢小腹"的恶果。

二、角色退行:教师遭受殴打后的心理反应

由于上述原因,老师屡被殴打成了一个"魔咒",直接伤害教师身心,严重挫伤教师工作的积极性,特别是导致教师产生严重的被动角色退行。

角色退行是指个体因挫折而改用过时的角色行为模式来应对当前的环境,是一种对现实环境的退避和自我防御。心理学家布朗把退行分为主动退行和被动退行两类。主动退行是一种缓解压力的手段和方式,对行为会产生较为积极的影响,被动退行是指人面对挫折时,选择主动放弃并回归较低水平的角色模式来应对当前的环境,被动退行对人的行为具有明显的负面影响。我们通过 QQ 群,对 56 位中学教师的调查证明了这一点。调

查有这样几个问题:每当看到教师被殴打的报道,您有何感想?对您的教育教学工作有何影响?如果让您重新选择职业,您还会选择当老师吗?37.5%的老师反映:看到教师被殴打的报道,"感到非常担心和难过,感到老师越来越难当了,如果再让我重新选择职业,我不会再选择老师了";12.5%的老师感到"教师越来越成为'高危职业'了";41.1%的老师则表示:"谁越是对学生负责,谁越容易得罪学生和家长,越容易成为学生和家长的'敌人',越容易承担更多的风险,说不定会惹上'官司'。所以,多一事不如少一事。不管学生的老师确实不是好老师,但是大不了不是个'好老师',不用担心没有教育好学生而承担什么法律责任。"还有的老师说,学生和家长抓住了教师的"软肋",动辄以"跳楼""不上学"威胁老师,谁还敢管学生?睁一只眼闭一只眼,"随他去吧"。

三、"魔咒"破解:遏制殴打教师的建议

老师遭受殴打产生退行心理,不仅直接影响教师的教育教学,直接影响学生发展,而且也间接影响社会形成尊师重教的氛围。因此,必须采取得力措施,解开殴打教师的"魔咒"。

政府:及时"出手",采取"国家行动"。政府要像重视"减负"一样采取"国家行动",重视教师遭受殴打问题,"该出手时就出手"。一方面,要加大宣传力度,在树立教育改革文化自信思想的指引下,致力发掘中华民族独特教育智慧的遗产——师道尊严的传统,号召全社会尊师重教,重振师道尊严。另一方面,及时修改完善相关法律法规,保护教师人格尊严和安全。有学者认为,实践中发生的许多校园暴力事件,肇事学生之所以未被追究法律责任,多是刑法对刑事责任年龄有规定。因此,有专家建议,现在的青少年心智成熟大大提前,负完全刑事责任的年龄也可以适当调整。总之,让教师的人身安全得到保障,是保护教师权益的根本路径,是维护教师人格尊严、尊师重教的底线。

学校:加强与社区互动,提升家长素质。作为坐落于社区之中的学校,要认识到学校教育是社区生活的特殊表现形式,社区是学校存在的物质环境载体,学校与社区紧密相关,学校教育与社区生活无法分离。学校

并非社区里的"文化孤岛",搞好学校工作不能"孤军作战"。要主动"出击",利用学校教师和教学资源优势,向家长传授教育科学知识,引导家长给孩子做出尊师重教的表率。从殴打教师的报道中可以得出一个结论:问题孩子常常是问题家庭的产物。特别是殴打教师的家长,本身常常没有教养。"家庭是孩子的第一所学校,父母是孩子的第一任老师"。孩子在"第一所学校"里是否能够接受好的教育,是否能够"系好人生的第一粒扣子",是否能够尊重教师,和"第一任老师"的素养高低有直接关系。同时,学校在确立保护未成年人的观念之后,要将公民责任教育理念同步植入。[①] 不能狭隘地将立法主旨限缩在"保护"上。对孩子进行合格的公民责任教育乃是保护的重要内涵。要教育学生了解自己的行为可能产生的后果,并为此"负责任"。

教师:管理好自己的情绪,用专业方法处理问题。当前,由于家长、社会、政府对教师寄予的希望越来越高,使教师产生了前所未有的压力。在多重压力下,教师难免产生忧愁、愤怒、焦虑、痛苦、憎恨等消极情绪,这些消极情绪持续过久,必然会引发教师的心理问题,进而影响教师教育教学工作质量,影响学生的发展以及和谐师生关系的建立。因此,教师应充分关注自己的情绪管理问题。教师要掌握和运用一些情绪管理方法,如倾诉、锻炼、音乐疗法等,及时化解消极情绪。另外,相关部门要注意给教师"减负"。对学生过高的期望引发的悲剧容易引起人们的重视,对教师过高的期望引发的悲剧容易被人们忽视。教育行政部门和学校要对教师情绪管理问题进行调查,通过教师培训教给教师情绪管理的方法,制定相关法律营造尊师重教氛围,切实减轻教师心理压力,保障教师以积极的情绪完成立德树人的根本任务。

---

① 傅达林.没有公民责任教育的保护只能是纵容[N].中国青年报,2016-06-30.

拿什么医治师生的"暴戾病"

教师殴打学生、学生殴打教师、师生互殴的事件不断见诸媒体。在师生上演的"全武行"中,"学生掌掴老师"的视频最为吸睛。事情的起因是:20年前常同学被其老师张某暴虐,20年后,33岁的常同学当街拦住当年暴虐自己的张老师,连续狠扇老师耳光,持续20多分钟,"完爆"老师。掌掴老师的视频在网上发酵,变成了"热播剧"。

为常同学点赞、甚至大称快意者有之:当年你(教师)暴虐一个无辜的学生,"在江湖上混,欠了的总是要还的;在学校里当教师,暴虐学生总是要遭报应的""不是不报,时候未到""君子报仇,十年不晚";为张老师鸣不平者有之:当街扇老师耳光,行为令人发指,必须依法严惩施暴者,坚决维护教师尊严。

"热播剧"以常同学被刑拘而告终。常同学被刑拘后,他当年的十多个同学表示愿意为他作证,证明当年确实被张老师殴打;常同学的150名乡亲也自发联名向公安机关写信,证明常同学正直仗义,乐于助人,是个好人,殴打老师"情有可原"。而张老师所在的学校表示,张老师当时年轻气盛,教育学生方式不妥,但随着年龄的增长,他也在不断反思总结,认识到自己的错误,不断改进自己的教育方式和方法,多年被评为优秀教育工作者。

"公说公有理,婆说婆有理。"到底孰是孰非?我们认为,弄清"掌掴教师"事件的是非曲直确有必要,但更重要的是透过现象看本质,找到"掌掴教师"事件发生的真正原因,对症下药,杜绝此类事件的发生,建立和谐师生关系，促进教师发展和学生成长。

纵观"掌掴教师"事件我们可以看到，类似事件发生的根本原因，在于张老师和常同学患了同一种病——"暴戾病"。

正是因为有"暴戾病"，张老师当年对常同学"多次踩在脚下踹打"；正是因为有"暴戾病"，常同学20年后当街拦住张老师，连续狠扇老师耳光，持续20多分钟。师生"暴戾病"的"病根"是其人格的残缺。试想，一个人格健全的老师，面对一个未成年孩子，会把学生"多次踩在脚下踹打"吗？忍心下得去脚吗？试想，一个人格健全的33岁的成年人，面对年过半百的老师，会当街拦住他连续狠扇其耳光20多分钟吗？忍心下得去手吗？

这种人格缺陷导致的"暴戾病"，既伤害别人，也伤害自己，更伤害社会！所以，医治师生的"暴戾病"迫在眉睫。那么，我们拿什么医治师生的"暴戾病"呢？

首先，健全教师的人格。俄国教育家乌申斯基说："在教育工作中，一切都应当以教师的人格为依据，因为教育力量只能从人格的活的源泉中产生出来，任何规章制度，任何人为的机关，无论设想得如何巧妙，都不能代替教育事业中教师人格的作用。"当前，世界各国的教师教育都非常重视教师人格的发展。作为新时代的教师，要完成立德树人的根本任务，更应当具有良好的人格特质，不断加强自我学习、自我反思，修炼内在人格素质。要按照不久前教育部印发的《新时代教师职业行为十项准则》的要求，进一步规范自己的职业行为。与时俱进，坚定政治方向，贯彻教育方针；潜心教书育人，遵循教育规律和学生成长规律，因材施教，教学相长；真心关爱学生，严格要求学生，做学生的良师益友。要善于自我调节，保持良好的心态。以奋发的精神感染学生，以积极的言行引领学生，以高度的责任感和事业心带动学生。要注重仪表，举止文明，做到内在素养和外在行为的统一。特别是，教师要走出"只要我的课讲得好，学生对我的仪表不会在意""不修边幅是有个性""邋邋遢遢是一种潇洒"等不讲仪表的误区；要走出"我说话虽然难听，但'忠言逆耳'，我是为学生好"等不讲"口德"的误区，加强仪表、言谈举止方面的修养，做有理想信念、有道德情操、有扎实知识、有仁爱之心的"四有"好老师。要坚决杜绝拳打脚踢、揪头发、扇耳光等不文明的教育方式,讲究教育伦理,过有道德的教育生活;坚持言行雅正,采用文明、人道、专业、科学的教育方式,加强对学生的了解,把教育工作做到学生的需要之处。

其次,完善相关法律。北京大学资深教授罗豪才认为:《教师法》中"教师的权利体系及其边界还不够明晰,教师的合法权益在实践中容易受到侵犯,一定程度上也对教学科研活动的正常展开造成了影响"。全国人大代表、华中师范大学教授周洪宇呼吁:应切实出台相关文件,尽快修订《教师法》,制定《学校法》,实践中发生的许多学生殴打教师事件,肇事学生之所以未被追究法律责任,多是刑法对刑事责任年龄有规定。因此,有专家建议,现在的青少年心智成熟大大提前,负完全刑事责任的年龄也可以适当调整。总之,完善相关法律,是保护师生权益的根本路径。

再次,营造"施暴可耻"的舆论氛围。为什么"掌掴教师"事件很多人觉得"情有可原"？甚至有150名村民自发联名向公安机关写信,证明常同学是好人。的确,常同学在乐善好施时是好人,他当年被老师殴打值得同情。但是,"好人""值得同情的人"做的事就一定好吗？关于同情"弱者"这一点,人民日报评论员李拯说得最到位:同情"弱者"是人之常情,但不问是非、不分对错地滥用同情,则走向了极端和反面,容易让"标签思维"左右事实还原,让"情绪宣泄"取代价值判断。"弱者"身份值得同情,但"弱者"标签不是暴力的通行证、免责的挡箭牌。因此,李拯呼吁:"所有人都有必要凝聚这样的文明共识:暴力应该反对,无论它以什么名义;戾气应该谴责,无论它以什么形式。"总之,"施暴有理"有悖文明底线。

尊师重教应从转变学校领导"官念"开始

江苏省宿迁经贸高等职业技术学校吴维煊老师在《干部"高人一等"的"官念"要不得》一文中谈到她最近经历的一件事:某教师在教师微信群里发通知,把某副主任(按照该校习惯,应称呼其为"某主任")写成了"某老师"。一两周后,学校另一主任在群里发了个"友情提醒",大意是:×××是主任,不应称呼其为老师,请刚刚发通知的老师就群通知称呼不当问题私下与该主任沟通一下。

为什么主任这么在乎称呼?称呼本来是人们日常交往中使用的称谓,不同的称谓体现对交往对象的尊敬程度,体现和对方关系的亲密程度。工作中的称呼一般有职务性称呼,如"某主任";有职称性称呼,如"某教授";有学衔性称呼,如"某博士",有行业性称呼,如"某老师"。无论是教师职业还是其他任何职业,在职场交往中正确使用称呼对建立良好人际关系具有重要意义。所以,主任善意发"友情提醒"该教师注意称呼本无可厚非。

问题是,主任为什么专门发"友情提醒",提醒该教师要用职务性称呼"某主任",而不要用行业性称呼"某老师"呢?为什么请刚刚发通知的老师就群通知称呼不当问题私下与"某主任"沟通?

显然,在这所学校,职务性称呼"某主任"比行业性称呼"某老师"的分量更重,称呼"某主任"更能体现某某是"官",更能显示为"官"者与"老师"的地位不同;而称呼"某老师"似乎降低了自己的身份,似乎把自己"混同于"一般的"老师"了,似乎显示不出为"官"的尊贵、高于一般老师了……所以,从根本上看,是一些人的"官念"错位。

领导"官念"出了问题会产生很多负面影响,会导致"几十个教授去挣一处长"职务,会导致教师管理学校的主体地位被"边缘化"而不愿参与学校的管理,会导致优秀教师当了领导后高高在上、脱离群众。一句话,领导"官念"错位的学校,是不可能尊师重教的。

首先,树立正确的权力观、领导观。要认识到自己的权力是教职工给予的,不是上级赋予的,也不是自己靠"本事"换来的。领导不仅是一种权力,也是一种责任,学校领导的职责就是为学校发展服务,为教师和学生成长服务。毛泽东主席把领导称为"人民的勤务员",邓小平同志说"领导就是服务",都是正确领导观的指南,要求领导要做人民的公仆,为人民服务。为教师提供优质的服务,是对教师基本的尊重。

其次,要把教师当作学校的主人。据说,20世纪50年代初,艾森豪威尔担任哥伦比亚大学校长时,曾邀请该校教授拉比(1944年的诺贝尔物理学奖获得者)作演讲。艾森豪威尔在开场白中客气地说:"在众多雇员里,你能够获得那么重要的奖项,学校以此为荣。"但是拉比回答说:"尊敬的校长,我是这个学校的教授,你才是学校的雇员。"艾森豪威尔二战期间任欧洲盟军总司令,统领百万大军,威名远扬。可是在拉比教授看来,接受才是学校的"主人",而校长不过是"雇员",学校的有名,在于有名师,而不在于校长是名人。[①] 因此,把教师当作学校的主人,是对教师最大的尊重。

再次,领导要做尊师重教的表率。"政者,正也。子率以正,孰敢不正""其身正,不令而行,其身不正,虽令不从"。学校领导要率先垂范,从言谈举止各个方面成为尊师重教的表率;发现不尊重教师的问题,要及时处理,把问题消灭在萌芽状态。这样,学校必然形成尊师重教的浓厚氛围。

党的十八大以来,习近平总书记给教育系统致信就达24次。而且他

---

① 吴非.不跪着教书[M].北京:中国人民大学出版社,2015.

还多次前往学校,看望广大师生。每一次亲切问候,每一次致信叮嘱,无不饱含着浓厚的教育情怀,向全社会传递着尊师重教、崇智尚学的价值取向。① 在今年9月10日的全国教育大会上,习近平总书记又一次强调:"全党全社会要弘扬尊师重教的社会风尚,努力提高教师政治地位、社会地位、职业地位,让广大教师享有应有的社会声望,在教书育人岗位上为党和人民事业作出新的更大的贡献。"要形成尊师重教的社会风尚,特别是学校要真正落实教育大会尊师重教的精神,有许多工作要做。但首先要做的,无疑是转变学校领导的"官念"。

---

① 李拯.立德树人,铸就教育强国[N].人民日报,2018-09-10-05.

要做专业型的教师

最近,记者采访四川省第七、第八批援助湖北医疗队总领队杨进的时候,提了这样一个问题:在此次疫情抗击工作中,各界对医务人员评价很高,您怎么看?

我认为杨医生回答的特别能显示自己很专业,对我们做一个专业的教师很有启发。

他说:"对新型冠状病毒,还有很多神秘的未知。现在我们和病毒的较量已经从前期的'阻击战'进入'阵地战'了,除了有责任心、使命感,更要有专业学识、专业素养,而不是任性发挥。""医疗没有英雄主义。作为专业人员,判断病情、实施治疗的时候,一定不能掺杂非专业的情绪,要冷静,尊重医学规律,遵循业务流程,实施精细化治疗,努力降低病亡率。"①

"当然,对于病患,我们要有同理心,患者很可怜,我们要从心理、精神的层面多关心。毕竟,隔离的是病毒,而不是人。"

我们今后做教育工作也应当这样,要做专业教师、卓越教师。如何做呢?

第一,"除了有责任心、使命感,更要有专业学识、专业素养,而不是任性发挥"。教师的任性表现在"跟着感觉走""爱谁谁""没有教不

---

① 王鑫昕.医疗没有英雄主义 战"疫"更需专业素养——专访四川省第七、第八批援助湖北医疗队总领队杨进[N].中国青年报,2020-02-28-03.

好的学生",等等。医生是怎么说的呢？我们在所有医院里都可以看到特鲁多医生的名言："有时是治愈，常常是帮助，总是去安慰。""有时，是治愈"强调了无论医疗技术多么先进，人们花费多少金钱，在很多伤病面前，医生也可能束手无策、回天乏术（像很多慢性病、肿瘤性疾病、老年疾病等，医生面对疑难病症、难以治愈的疾病，治疗难度太大，治愈的可能是极少数）。医生不可能治愈每一个病人。因此，医学并非万能，"治愈"是"有时"的，而不是无限的。"有时，是治愈"是临床医生常常碰到的真实问题，患者也应该理解、认知医学的局限性。尽管如此，治愈仍是医生的最高追求。"常常，是帮助"是医生的本质作用。从古至今，一切医学技术都是为了解除患者的病痛，给予其帮助，医生的本质作用只是帮助而已。同时，医生作为一个社会人，应当以乐于助人为处世之道，在技术之外，更多地要用温情去帮助病人。"总是，去安慰"是医生的人性力量。安慰看似普通，但是对于病人的治愈起着不可替代的作用。比如大多数病人在得知自己身患绝症后都会陷入绝望，甚至会拒绝继续接受治疗。这个时候医生无论安排手术、采用化疗，能治愈的几率都很小。但是在此期间，医生如果能鼓励和安慰病人，在心理上减轻病人的负担和障碍，使其积极配合接受后期的治疗，也许可以延长患者的生命。

特鲁多医生的名言对每一位医务工作者都有深刻的启示。"治愈"是医生应该追求的最终目标，但是对于患者的"安慰"和"帮助"更是一名优秀的医生所必须具备的素质。因此，医生、家属对待病人，在治愈与未治愈的时候，要做的更重要的事，就是"常常，是帮助""总是，去安慰"，这才是反映了人文关怀贯穿医疗活动的全过程，自始至终都对患者充满关怀与安慰，让患者感受到医者的仁爱之心。"道不远人"，"有时是治愈，常常是帮助，总是去安慰"对我们教师有什么启示？教师是万能的吗？教育的作用是无限的吗？我们该把"没有教不好的学生"的任性改成什么？

第二，"作为专业人员的教师，判断学情、进行教育的时候，一定不能掺杂非专业的情绪，要冷静，尊重教育规律、学生成长的规律，遵循教学环节，因材施教，精准教育，努力提高教育质量，让学生成人成才，成为优秀的社会主义建设者和接班人"。

第三,我们特别要注意的是,道德的目的要用道德的手段来实现,而不是用不道德的手段实现道德的目的。比如,我们想"让学生学习好",这个目的是道德的,但是,如果为了实现"让学生学习好"这个道德的目的,而罚学生"一道题做 20 遍",或为了让学生考高分而牺牲学生的健康甚至不顾学生的死活等做法,都是不专业的蛮干。

真心希望我们每个教师都能够成为专业教师。

教师专业发展要练好"三用"功

作为一个老教师，回望自己的教师生涯，有成功也有失败，有辉煌也有暗淡，有痛苦也有甘甜。但无论怎样，我始终坚持用学习解决发展中的问题，用细节铸造自己的专业能力，用真情感染不同层次的学生；在乎学生的在乎，记住学生的名字；用故事为课堂增光添彩，打造金课成为会讲故事的人；用写作来提炼教育思想，用行动诠释什么是教育，做到提前进入教室，立德树人，教书育人。正所谓"酸甜苦辣都有营养，成功失败都是收获"。经过30多年的不懈努力，我的教育教学工作得到了同事的肯定、领导的赞扬，更得到了学生的喜欢和佩服。在长期的教育教学实践中，我感到应做好以下"三用"修炼。

一、用学习解决发展中的问题

教师的成长都不是一帆风顺的，都会遇到这样那样的问题。如何解决这些问题？每个老师都有自己的方法。我的做法是：用学习解决发展中的问题。30多年前，我毕业后被分配到了一所成人院校，初为人师的喜悦，让我幻想着大显身手，把自己的所学都发挥出来。可是，"理论很丰满，现实很骨感"。真正拿起教材备课，我才感到真的是"书到用时方恨少"。"教学目标如何设计""重点如何突出""难点如何突破""教材中的隐藏知识点以及思想教育因素如何进行深度的挖掘""教学内容如何系统的体现""教后札记如何撰写"……特别是，走上讲台，我不敢和学生进行目光交流，不知道如何组织教学，不知道如何调控课堂气氛，对于课堂偶发事件手足无措，或采取点名批评、大声呵斥等简单粗暴的管理方法，结果这样做的次数多了，就不再奏效。教学照本宣科，课堂效果不佳。在焦头烂额之际，我看到了苏联教育家苏霍姆林斯基和华东师范大学钟启泉教授关于学习的论述，我才找到了解决问题的方法。苏霍姆林斯基说："教师要无限度的相信学习的力量。"钟启泉教授说："教师要做忠实的学习者。"于是，我静下心来，先是通过读书学习教育教学理论，这些理论虽然在上大学时老师教过，自己学过，但是，带着问题有针对性地学习与盲目地学习，其效果是不可同日而语的。通过广泛阅读，我感到教育理论是有力量的，感觉在于活学活用，学活用活。感到"读书足以怡情，足以博彩，足以长才"。（培根语）在加强教育教学理论学习的同时，我还注重向其他老师学习。当时学校50多位教师的课，我都不止一遍地听过。听不同学科老师的课，让我有不同的收获。比如，听中文系老师的课，让我明白了不同教学语言的不同要求：讲授语言要规范准确、简洁精炼、生动有趣、感情充沛、情理交融；提问语言要有针对性、启发性，忌"满堂灌"式的注入；评价语言要及时得体，赏识激励；板书语言要书写端正、提纲挈领、条理清晰、美观大方；手势语言要含义明确、简洁朴素，具有美感。有效解决了中文教学词语贫乏、句式单调、缺乏节奏、不够幽默、忽视体态语言等问题。听数学系老师的课，让我学会了怎样设计教学逻辑，怎样培养学生思维能力，怎样运用思想方法，怎样渗透思想政治教育，怎样开展参与和探究教学，怎样让学生体验学科文化。听不同学科老师的课，听不同水平老师的课，都让我受益匪浅。听过课后，我把优秀教师作为自己的榜样，然后再听他们的课，并有针对性地观察他们的教学，之后思考：这个老师为什么这样做？这样做有什么好的地方？有什么问题？我是不是也可以这样做？对照别人，反思自己的不足。慢慢的，我对自己课堂有了自信，教学水平有了长进，学生也对我的教学越来越满意。

二、用细节铸造自己的专业能力

在向优秀教师特别是名师学习和借鉴其课堂教学经验过程中，我发现"名师"之所以成为"名师"，一个极其重要的原因是他们专业，而他们专业主要在于一丝不苟地做好课堂教学细节，他们用细节铸造自己的专业能力，可谓细节决定专业。这给我很大的启发：提升专业水平，不仅要关注宏观的教育教学理论，更要将目光放在教学的细节上，即高度关注构成课堂教学行为的最小单位——课堂教学细节。认识到这一点，我在教学中特别注意以下细节：

进教室时真诚微笑，让学生感受到老师的亲切；讲解时不把手插进兜里或背在后面，让学生感受到老师的尊重；提问时与学生进行目光交流，让学生感到老师的热情；学生回答问题时耐心倾听，让学生感受到老师的鼓励；利用PPT时考虑字号、行距，确保图片的美观，让每一位学生都能看清；板书时注意写在黑板上的位置，尽量不背对着学生板书；引导学生观察重点时，注意自己的站姿和手势不挡学生的视线……

我们常说："细节决定成败。"确实很有道理，真正凸显教师专业能力的往往在于能否做好细节。我在实践中体会到：成为一个好教师，仅仅有教育热情还是远远不够的。想要做得专业，就需要从细节着手，而细节恰恰是只有专业人士才明白、才会考虑到、做得出的事情。教师课堂上每一个教学行为的细微差别，就是专业与业余的分别。也正是这些细节差别，导致了一般教师与优秀教师的区别。教学中一张小小图片的呈现，一个细微表情的流露，一个字体、符号的位置，看似一个微乎其微的小细节，其背后折射出的却是教师的教学态度、教学理念和教育智慧。成功的教学必定离不开精彩细节，关注细节是提升教师专业素质的必经之路。我们应该将关注的目光放得低一点、再低一点，切实关注教学中点点滴滴的细节，做好每一个细节，从教学细节入手，预约课堂精彩，提升专业素养。

三、用师表诠释什么是真正的教育

古人云："学高为师，身正为范。"我对这句话的理解很通俗，那就是："磨烂嘴皮子，不如做出好样子。"其实，我对为人师表重要性的认识也有一个过程。刚任教时学校让我当班主任，有一天早操，我班出操的学生特别少，学校点名批评了我们班。当时年轻气盛，我没有多想，就怒气冲冲到教室，又把学生狠狠地批了一通。事后班长找到我，问了我一个问题:"刘老师,你知道咱们班为什么早操出勤率那么低吗?""不知道,我正要问你呢?"我对班长说。班长告诉我:"咱们班同学都知道你爱睡懒觉,不随着大家出操,所以,他们也睡懒觉!"班长的话让我羞愧难当,我当即利用晚自习的时间,召开了主题班会。在班会上,我首先在黑板上写下"学高为师,身正为范"。"其身正,不令而行;其身不正,虽令不从"。接着我说:"今天的早操我们班受到了学校的批评,作为班主任我很难过。我难过的不是我的优秀班主任的名誉受损,而是没有给大家做出表率,让大家因此而受到学校的批评。但这件事也让我明白了一个问题:什么才是真正的教育。真正的教育一定是教师为人师表,率先垂范的。我不想说什么豪言壮语,请大家看我今后的行动!从此之后,上早操我总是第一个到操场,上课我总是第一个到教室,打扫卫生我总是第一个拿起工具……师表的力量是巨大的,师表的教育效果是明显的。在我为同学们做出表率后,虽然没有再批评过同学,但是,我班的"三操""纪律""卫生""学习"一直走在其他班级前面。这使我体会到:说一千,道一万,不如做给学生看。教师的一个表率胜过千言万语。

　　古德森认为,"教师的专业成长受到过去的经历和经验的影响,但是,并不是过去所有的经历或经验都对教师的专业发展起着重要影响。只有一些重要的事件或称关键事件才会对教师专业发展起重要影响,促使教师对个人的教育信念、行为进行反思、重组和改变。"当然,不同的教师成长中的关键事件、关键人物可能各不相同,其所产生的影响也不尽相同,但它们却真实地存在于教师职业生涯之中,对其专业成长产生着重大的影响。而对于我来说,"学习""细节""师表",是帮助我实现专业发展的三个关键事件。希望这三个关键事件,能够给所有老师的专业发展带来有益的启示。

教师板书的"短板"亟待补齐

我们经常应邀到中小学做优质课大赛的评委,统计了上学期听课的43位教师的使用课件和板书情况,发现所有老师上课都应用了课件,41位老师课件(占95%)做得都很精美,有漂亮的图表,有有趣的Flash,有美丽的背景,有符合主题的音乐,有插入的视频等。而与此形成鲜明对比的是,38位老师(占90%)的板书都很糟糕,有的老师板书不规范,比如字的笔顺不对,缺少笔画等;有的老师板书不美观,比如字体结构不和谐,歪七扭八,春蚓秋蛇,龙飞凤舞;有的老师板书毫无章法,主次不分;有的老师板书时机不恰当,重点不突出;甚至有老师上了一节课竟然没有板书一个字,与其交流时,该教师说自己字写得丑,而课件制作水平还行,所以就"扬长避短"不再用板书了。

由上述教师使用课件和板书情况看,明显存在重使用课件轻运用板书的问题,造成了教师板书的"短板"。虽然每个学校在优质课评课标准中都明确规定"两个必须",即"必须使用课件""必须使用板书",否则将扣分,但在评课过程中,课件制作得好会受到评课老师的好评,成为课堂教学的亮点,板书得好则很少有老师关注;课件制作得差会受到评课老师的批评,板书得差则很少有老师问津,基本不影响评课者对执教老师课堂教学的评价。这是老师重使用课件轻运用板书的主要原因。

事实上,教学中板书具备课件所没有的独特优势,能够清晰地体现出教师的教学意图,使所讲内容按顺序逐次展开,层次脉络一目了然,教学重点突出,直观性强,有助于学生良好思维方式的养成和训练,便于学生思考；映射的是教学内容的精华，便于学生巩固记忆、梳理，便于学生集中精力获取知识；体现教师的教学态度、教学风格以及人格魅力。字体整齐隽秀的板书，就像一幅书法，赏心悦目，对学生的书写、模仿会产生潜移默化的影响。①板书还有助于保护青少年的视力。2018年8月30日，教育部、国家卫生健康委员会共同起草的《综合防控儿童青少年近视实施方案（征求意见稿）》（下称《征求意见稿》）指出，现在已经很少有老师在黑板上写板书，大都直接使用平板电脑投影仪等电子产品，青少年的视觉神经还没有发育完善，长时间注视电子屏幕导致其用眼强度增大，眨眼频率降低，很容易造成视力减退。

因此，党和政府，教育部门高度重视教师板书问题。2018年1月20日《中共中央 国务院关于全面深化新时代教师队伍建设改革的意见》提出"大力振兴教师教育，不断提升教师专业素质能力"，强调强化"钢笔字、毛笔字、粉笔字和普通话"等教学基本功和教学技能训练。《征求意见稿》中一个重要的内容就是"提倡学校教师书写板书"。

补齐教师板书的"短板"，首先，教师要充分认识板书在教学和青少年成长中的重要作用，下工夫练好"三笔字"。写字是一种技能，所有的技能都不是天生的，而是后天练习形成的。古人云："字无百日功。"意思是只要下工夫练习，肯定是会有成效的。教学中板书具有教育性，是"文"与"道"的合一，可以传承文化，表达思想、情感，对学生发展具有"潜移默化""润物无声"的影响。

其次，加强教师板书设计能力的培训。我们在与教师的交流中发现，以往的教师培训中，从来没有过"板书设计能力"方面的内容，老师们也没有把板书设计能力作为一种专业能力来对待。因此，应对教师进行板书设计能力的培训，培养教师的板书设计意识，学会设计板书，自觉运用板书设计于教学实践中。当然，板书的布局结构、板书的方式等很多相关问题，都可以作为板书设计培训的内容。

再次，教师要鼓励学生参与板书设计。教师对板书设计存在这样一个

---

① 郭晓光.多媒体教学与板书教学的再认识[J].中国教育学刊，2014,(02)：71.

误区,即认为"板书设计是教师的事情",所以老师常常把学生排除在板书之外。实际上,学生参与板书设计能够落实学生的主体地位,培养学生的问题意识,锻炼学生的逻辑思维能力,使学生感受到参与教学的乐趣,获得成功的喜悦。因此,教师要走出"板书设计是教师的事"的误区,鼓励学生参与板书设计。

做个好老师应从不拖堂开始

记得上小学四年级的时候，数学老师责任心特别强，也特别严厉。一天，下课了这位老师还在不停地讲，有一个学生拉肚子，但又不敢请假上卫生间，后来实在忍不住，只好"就地解决"了。记得当时老师红着脸，不知所措，嘴里不住地说："要知道这样，我怎么也不会多讲这几分钟啊！"而那个同学尴尬、恨不得找个地缝钻进去的样子，我更是记忆犹新。虽然同学们对他很同情，但自此之后，那个同学一直很自卑，不敢抬头走路。大家私下抱怨数学老师，上数学课都很紧张，唯恐老师哪天拖堂这样的"不幸"降临到自己身上。数学老师上课也很焦虑，怕哪个学生在自己课堂上再上演"就地解决"的事件。其他老师对这个爱拖堂的数学老师也颇有微词，因为等他们上课时学生纷纷出去上卫生间，如果不让学生去，怕出现"就地解决"的事件；让学生去，又耽误自己上课。这虽然是一个极端的个例，但是，足以说明拖堂的多方面危害：影响学生的正常休息和身心健康；打乱了正常教学秩序，影响师生关系及同事关系。

宁夏银川市金凤区教研室的马秀萍老师对147位初中学生的问卷调查表明，89.4%的学生不喜欢老师拖堂；81.3%的学生不喜欢拖堂的教师；教师拖堂52.4%的学生不情愿听，11.6%的学生什么都听不进去；91.2%的学生认为教师拖堂影响课间休息和下节课的学习情绪；80.1%的学生认为教师不应该占下课时间。[①] 由此，笔者以为做个好老师应从不拖堂开始，具可从以下几点做起。

---

① 马秀萍.对教师"拖堂"的理性思考[J].中国教育学刊,2013,(12)：9.

首先，要尊重学生，以人为本。拖堂的老师各有不同的拖堂方法，不拖堂的老师则都有一个共同的特征：他们真正热爱学生，尊重学生。因此，他们在教学中以学生为本，以学生健康、全面发展为本，而不是以完成自己的教学任务为本；他们把学生当成"人"来尊重，而不是把学生当成完成教学任务的工具来使用。只有当老师对学生怀着真切的尊重之心、关爱之情，他才会设身处地考虑拖堂时学生的感受。他会自觉按照学校作息制度，按时上下课，让孩子们在课上集中精力学习，在课间主动的休息放松，为下一节上课做好准备。

其次，要做好课前准备。"磨刀不误砍柴工"，做好课前准备是解决拖堂的有效措施。做好课前准备一是指教师做好课前准备，主要是准备好教具、教学设备，吃透教材，熟悉课标，了解学情，弄清大部分学生的"最近发展区"，恰当确定教学起点，有的放矢，因材施教；教师做好课前准备还包括从课堂结构方面做好教学设计，比如做好课堂导入设计、提问设计、小组合作学习设计、课堂练习设计等；安排好每一个教学环节内容的安排，做好各教学环节之间的衔接；预估课堂偶发事件，做好偶发事件的预案等，这些都是保障不拖堂的条件。二是要求学生做好课前准备，学生课前准备包括物质准备和精神准备两个方面。物质准备如课前拿出课本、笔记本、钢笔及其他学习用具；精神准备如做好课前预习，课间充分休息，上课及时拿出课本和学习用具，及时把心收回教室，尽快将注意力转移到本节课的学习内容上来，及时进入听课状态。当然，这要靠平时的训练才能养成良好的习惯。如果上课了学生还在取课本、找学习用品、说话，老师就要维持纪律，组织教学，必然占用课堂教学时间。

再次，要优化课堂时间管理意识，提高时间管理能力。要对课堂教学时间合理安排，防止前松后紧，实现有效教学。有研究发现，半数教师时间管理意识模糊，没有把课堂时间管理作为课堂教学的重要因素，还有一些教师时间观念不强，存在上课迟到现象。教师应算一笔账：每节课拖堂5分钟，即影响学生休息5分钟，一学期下来，要影响学生休息多长时间；假如每个老师都拖堂，又会对学生健康造成什么影响。要认识到课堂教学时间的有限性和不可逆性，"一寸光阴一寸金"，课堂分秒需珍惜。

因此，在课堂上，语言要言简意赅，讲授要把握重点，问题要匠心独运，环节要精心安排，纪律要巧妙组织。要有意识地在课堂45分钟内完成预定教学任务，并根据教学实际灵活调整时间安排；课后，要及时反思自己在课堂教学时间管理中出现的问题，与有经验的教师研究探讨时间管理经验，有针对性地提高教学时间管理能力。[①]

总之，学生是学习的主体，学生喜欢不拖堂的老师，反感拖堂的老师，老师拖堂影响教学质量。教师是拖堂的始作俑者，"解铃还须系铃人"，做个好教师，需要教师自觉要求自己，做一个不拖堂的老师。

---

① 王凝.小学新入职教师课堂时间管理的现状及对策研究[D].大连：辽宁师范大学，2017：53.

用故事促进教师深度教学反思

我们在最近的教师培训中,与一线教师交流时经常听到他们这样的抱怨:"现在的学生真差劲儿,你好心对他,他却不领情,甚至好心不得好报!""我真的是为学生好,但是学生却不买账,你说现在的孩子素质有多差!"怎样帮助教师们解开"好心不得好报"这个心结?教师的"好心怎样才能得到好报"?怎样帮助教师走出埋怨学生的怪圈?我们尝试运用故事促进教师深度教学反思,取得了较好的培训效果。具体实践步骤如下。

一、故事分享

面对这样的抱怨,我首先和老师们分享了两个故事:

故事一:山羊请客

一群山羊,有两个好朋友牧羊犬大黑和赛虎。由于有好朋友的看护,这群山羊一直没有受到过狼的袭击。山羊对自己的好朋友非常感谢,为了表示谢意,山羊们商量之后决定请大黑和赛虎吃顿饭。请好朋友吃什么呢?山羊们一致认为,应当把最肥美的牧草、最鲜嫩的树叶,献给自己最忠实的朋友吃。山羊们举行了隆重的欢迎仪式,请大黑和赛虎来就餐。大黑和赛虎非常开心地来到餐厅,看到肥美的牧草、鲜嫩的树叶,狗脸立即拉得老长,一点没吃,气氛很尴尬,最后不欢而散。

故事二:罚人吃肉

谢肇淛《五杂俎》载:唐五代时,南平国(今湖北江陵)有个官员叫李载仁。这个人性情很迂缓,平生又不好吃猪肉,一吃便吐。一天,他正准备去见上司，刚跨上马要走，却有两个仆从打起架来。这可把李载仁气坏了，他决计要重重惩罚他们一下。心想：打板子，这对他们来说不过是家常便饭；必须给他们点大苦头吃，才好惩一儆百。

于是，他立即叫人到厨房去取来几张大饼，又端来一盆炖猪肉，然后让两个仆从用大饼卷猪肉，脸对脸地跪在地上吃。李载仁见两个仆从嚼着炖肉，心里好不解气。他洋洋得意地对众仆从说："看见没有？今后谁要是再敢胡闹，除了吃这个，我还要外加两张脂油饼，听到的人无不讥笑他！"

二、故事解读

"我"的好心为什么得不到好报？从这两个故事中，老师们似乎找到了答案：

第一个故事，山羊"好心没得好报"是因为山羊以自己所好，推己及人：山羊认为自己最喜欢肥美的牧草、最鲜嫩的树叶，自己的朋友肯定也喜欢肥美的牧草和鲜嫩的树叶。同样，老师认为自己喜欢的，"学生也会喜欢"；老师认为"好"的"学生也认为好"；老师把自己的"好心""关爱"强加于学生，而不考虑这种"好心""关爱"是不是适合学生，不考虑学生是否需要这些"好心""关爱"；老师认为"好"，"我"是"为你好"，"你"就得接受"我"的"好心""关爱"，"你""不领情""不买账""不接受"就是"你""素质差""太差劲"。

第二个故事是因为"我"以自己所恶，推己及人：自己认为"讨厌"的，别人也会"讨厌"，"我""不爱吃猪肉"，"你""吃猪肉也会很痛苦"。"我"认为"不学习很痛苦"，"你"犯了错误"我"就把"你""赶出教室"不让"你"学习，"你"也会很痛苦。

三、深度反思

深度教学反思主要指教师能够深入教育事物的内部，把握住事物的本质及核心部分，抓住事物的关键所在，揭露事物的根本原因（包括事物的近因和远因),并且善于预见事物的发展进程和结果的一种思维品质。① 通过对这两个故事的解读,老师明白了"好心不得好报"的根本原因是很多情况下教师不了解学生的需要所致。老师不了解学生的学习需要,教得越卖力,学生学得越无力,甚至厌学。我们在与学生交流中,学生谈到:"我们承认老师确实是'好心',主观上的确是为我们好。但是,因为老师对我们不了解,老师的'好心',老师给我们的'好',其实真的不是我们所需要的'好',不是我们想要的'好心'!毕竟'适合的才是最好的'。"

蔡康永的忠告特别值得我们深思:教育者"请别老是像发情的孔雀,急着展示自己有多好,可以先冷静三分钟,看一下对方需要的,是哪一种好。如果对方很饿,你却拿出毛衣,一直吹嘘毛衣有多暖,那对方怎会想理你?"很多时候,我们教师做的就是"对方很饿,我们却拿出毛衣,一直吹嘘毛衣有多暖"这样的事情。"我"当然也是真心"拿出毛衣",但由于对"对方很饿"、对方的强烈需要是"食物"不了解,我们越真心,对方越反感!所以,教师"好心不得好报""我为学生好,学生不买账"很可能并不是学生的问题,而是我把自己的"爱""好心""自己认为是好的",以"自己喜欢的方式"强加给学生、硬塞给学生的结果。至于学生是否需要,是否适合学生,我们很少思考。于是学生一旦拒绝我们的"爱""好心",我们就伤心不已。

教师"好心怎样才能得到好报"?固然有很多方法,但最关键的是透彻研究学生的需要,落实新课程"研究学生内在发展的需求"的理念,这样,我们的教学才会有针对性、实效性。

其实,我国最早的教育名著《学记》中就提出:"学者有四失,教者必知之。人之学也,或失则多,或失则寡,或失则易,或失则止。此四者,心之莫同也。知其心,然后能救其失也。"俄国教育家乌申斯基说:"如果教育者希望全面去教育人,那么他就必须首先全面去了解这个人。"我国台湾师铎奖的获得者李玉贵老师强调:教学要"教到学生需要处"。于漪老师说:"语文课不能只教在课堂上,要教到学生心上。只有教到心

---

① 张辉.博客应用深度教学反思的实验研究[J].教学研究,2013,(02):93.

上，才能充分发挥学生学习的积极性，使之比较迅速有效地掌握遣词造句、谋篇布局的基础知识，获得并提高听、读、说、写的能力。因此，教心必先知心。教师教学要坚持唯物主义态度，坚持从学生实际出发。学生的情况、特点，教师要努力认识，悉心研究，吃准吃透。知之准，识之深，才能教在点子上，教出好效果。"①

于漪老师还说："要研究学生的心灵世界，我连周杰伦的歌都研究，为什么？因为上老师的课不感动、开班会不感动，一个《还珠格格》就把初中女生全部打倒了，周杰伦起码打倒了百分之八十的女孩子。于是，我把周杰伦的带子买回来，听听到底好在什么地方。我找了些女生聊天，我说我不反对流行歌曲，韩红的《青藏高原》，歌颂青藏高原，她们说不好，落伍了；腾格尔的《天堂》，歌唱家乡，那种浓浓的乡情，她们说也不好。我说周杰伦好在什么地方啊？她们说，流行歌曲是容易学的，但周杰伦的歌就是学不像，好就好在学不像。这我没有想到，你说我和学生的距离有多大？后来我再和她们聊，觉得是有道理的，周杰伦的歌词有它的文化含量，如《青花瓷》《双截棍》等，都有中国文化的元素。还有就是，他的歌是又说又唱，很合适现在的孩子。现在的孩子条件好了，回家一个人一个小房间，爸爸妈妈忙得没有办法和他们交流。但是孩子要成长，要诉说，所以又说又唱是很合适他们的。做老师无论如何都不能误解孩子，不能随便对孩子说'不'，'不'是最没有力量的。'不'是否定，否定一百遍也不等于'行'……一定要目中有人，走进学生的世界，教育才能春风化雨，和学生有共同语言才能逐步引导，而不能高高在上。"②

"道不远人"，理解这些"道"，对我们解决"好心不得好报""我为学生好，学生不买账"等困惑，对提高教育教学工作的针对性、实效性，建立和谐的师生关系，促进学生健康成长，可以提供有力的指导。

教师怎样了解学生？很多学者和一线老师提出了很好的见解。我们认

---

① 于漪.教心必先知心[J].语文教学通讯,1981,(04)：56.

② 于漪.一辈子做教师 一辈子学做教师[EB/OL].(2016-04-01)http：//www.xygxsx.cn/jyjx/jyky/2016-04-01/15.html.

为陈建新老师概括的"一二三四五"模式值得借鉴：

一查，即查学生的资料档案。主要是为了了解学生以往的思想品德表现、学业成绩、身体健康状况等。二谈，即座谈了解。主要是为了了解学生以往和现在在同学中的交友情况及非智力因素方面情况。三聊，即个别谈话。主要是为了了解学生的性格，了解学生思想动态，对社会、学校、班级、教师和同学的看法，学习和生活中的困难，等等。四访，即家访、社会调查。主要是为了了解学生的家庭情况，了解学生在家庭及当地的表现情况，了解学生的爱好和特长，了解学生对父母及他人的态度，了解学生的劳动观念、社交情况等。五察，即察言观色。主要是为了了解当时学生的心理活动，收集教师自己的教育教学效果的反馈信息，了解学生当时的情感状态等。[①]

《孙子·谋攻篇》中说："知彼知己，百战不殆；不知彼而知己，一胜一负；不知彼，不知己，每战必殆。"这一规律不仅为古今中外许多军事家所推崇，作为一种智慧，一种决策制胜方略，同样适用于教育教学工作，是我们促进学生健康发展应当遵循的基本规律。

四、结论与启示

通过运用故事促进教师反思的实践，我们不难发现，运用故事能帮助教师捕捉思想火花与闪念，使反思能从灵犀、灵感出发，截获更多的反思素材，形成随时反思的习惯，从而获得深度反思的基础。[②] 老师们普遍感受到，埋怨是教师成长的大敌，反思是教师成长的挚友。运用故事引领教师开展深度反思，对养成自觉反思的习惯，"革新"反思的品质，促进专业发展具有重要意义。在培训中，教师们反映，平时工作中困惑很多，但在超负荷的重复性劳动中，大家似乎感到没有时间去认真反思，更别说进行深度反思了。有时反思，也只是课后的一点感悟，感觉缺乏深度，致使教师面对课改带来的挑战、困惑和问题，无所适从、思虑重重。而一个好

---

① 陈建新.对备课重要性的再认识[J].科学大众,2014,(05)：29.

② 张辉.博客应用深度教学反思的实验研究[J].教学研究,2013,(02)：93.

的故事可以让自己受益匪浅，茅塞顿开，为解开一些长期的困惑指点迷津。

　　胡定荣教授认为，学校要发挥教学反思促进教师专业发展的作用，不能一般性地号召或提倡教师进行教学反思，让教师个人去摸索教学反思之道；应教会教师切实掌握一种反思方法，帮助教师明确反思的目的、内容和方法；教学反思的培训不能从理论知识的传递出发，应从教师的经验和具体情境出发，帮助教师诊断问题，寻找解决问题的方案，验证方案的效果，教师通过对自身反思实践的反思，形成正确的教学反思观，掌握教学反思的基本技能。[①]

---

① 胡定荣.教师的教学反思为何不见效[J].教育科学研究 2013,(01)：80.

让家长群释放正能量要有三个"约定"

"互联网+"时代的到来,为家校沟通提供了更好的平台,使跨越时空的家校联系成为可能。QQ群、微信群就是教师与家长联系的纽带之一。QQ群、微信群等家校联系方式有快捷、生动、省时省力、利于分享等特点,受到很多老师和家长的欢迎。有的群是家长建好之后把老师拉进去的,有的群是老师建好后把家长邀进去的。QQ群、微信群等只是便利的群体交流工具,它本身没有正负作用。它发挥什么样的作用,是释放正能量还是负能量,关键取决于使用者的教师和家长。要让家长群释放正能量,教师应对群进行三个"约定"。

首先,约定群内规则。任何游戏都有规则。"没有规矩,不成方圆。"无论是家长建群后把老师拉进去的,还是老师建群后邀家长进去的,老师进到群内后首先要帮助家长树立群规则意识,让家长明白,家长群是公共空间,不是少数人的"自留地"和"表演场",建群的目的是方便搞好家校合作,共同促进孩子的发展。所以,大家要心往一处想,劲往一处使。孩子的成绩在群里怎么分享,孩子的问题在群里怎么处理,哪些话可以说,哪些事可以做,怎么说,怎么做等,都要事先提出来一个流程,班主任最后拍板,大家共同执行。比如约定:如果教师发的消息比较重要,并且在文末注明了"请回复",家长一定要回复;如果教师只是公布班级的一些情况,可以不回复等。再如,约定不发布跟孩子教育无关的信息,拿不准的事情,没有调查的事情,捕风捉影的事情,坚决不在群里说。炫富、争吵、晒娃、拉票、吐槽、发红包、推销商品、发布广告等行为要坚决制止。但是，群里还是会出现"众口难调"的情况，这时老师和家长要及时沟通，"将心比心"。一方面，教师要理解家长"望子成龙""望女成凤"的心情；另一方面，家长也要理解教师工作的艰辛。

其次，约定交流时间。因为家长和家长从事的职业各不相同，所以，大家可以用来交流的时间也不相同。常常出现这样的情况，考试过后，有的家长急切想知道孩子的成绩，也顾不得礼貌不礼貌，顾不得老师的感受，夜里十一点还在群里问老师，引起连锁反应，严重影响老师休息和第二天的工作。为此，教师可以与家长约定，每天什么时间交流，如晚上八点到九点，这样就不会出现耽误工作或者无人回应的现象。同样，也可以约定每周、每月、每学期的集中交流时间，共同讨论大家关心的问题。

再次，约定隐私保护。隐私是当事人不愿他人知道或他人不便知道的个人信息，或者当事人不愿他人干涉或他人不便干涉的个人私事，以及当事人不愿他人侵入或他人不便侵入的个人领域。隐私与公共利益、群体利益无关，通俗来说，就是个人不愿意为别人知道的秘密。我国《宪法》《民法通则》《侵权责任法》等相关法律对侵犯隐私权都有规定，教师不仅要带头遵守，而且对家长侵犯隐私权的做法要坚决拒绝。比如，家长要求在群里公布孩子成绩，在群了解其他孩子生活情况等，老师要果断说"不"。另外，教师也不要参与家长间的私人讨论。教师在群里一定要恪守师德规范，应与在学校中一样，高标准要求自己。

为了更好地构建和谐家校关系，不能把所有的希望都寄托在QQ群、微信群等虚拟网络平台上，家访、家长会、书信等传统的家校联系方式，具有真实、亲切、全面等优势。因此，把现代信息沟通方式和传统的家校联系方式结合起来，灵活运用，更能提升家校联系的质量。

排好小座位　需要大智慧

人们普遍认为，排座位不就是把学生按个子高低安排到教室里相应的座位上吗？这又不是什么复杂的事情，有什么难的呢？座位编排看似"小事一桩"，但是要排好小座位，既让家长和学生满意，又能提高学生学习积极性，促进学生发展，确实需要班主任的大智慧。

排好小座位何以需要大智慧？因为家长、社会各界、教育行政部门都在盯着班主任怎样排座位问题，一旦座位排得不透明、不合理、不科学，就会引起"蝴蝶效应"，招致家长及社会各界的不满，招致教育行政部门的"震怒"。更主要的是，座位排得不好会影响班风和学风，进而影响学生学习成绩，影响学生健康成长。所以，把座位排好绝对不是"小菜一碟"，而需要班主任有大智慧。

首先，班主任要加强座位编排理论的学习。研究表明，座位确实具有教育价值，学生在教室里的座位不同，其生理健康、学习效率、课堂纪律等会有所不同。比如，坐在黑板两侧靠前的座位上的学生，长期扭头注视黑板，颈椎容易疲劳，眼睛也容易形成斜视；前排和中间的学生由于离老师近，常常有机会回答老师的各种提问，与老师的目光交流较多，于是这些学生的学习积极性更高，学习更主动，更喜欢教师，学习成绩也更好。相反，那些坐在最后角落座位上的学生，可能会听不清、看不清，"天高皇帝远"，老师的提问和注意少，于是学习容易消极被动，成为课堂中"沉默的羔羊"或孤寂的"课堂守望者"。因此，班主任应以科学严谨、严肃认真的态度对待座位编排，杜绝按学习成绩排座位、按品行表现排座位、按"关系"远近排座位、按家长身份排座位、按班主任好恶任意排座位等不合理、不科学的做法。同时，班主任要用事实向家长和学生说明，座位虽然对学生学习有一定影响，但并不起决定作用，学习成绩受诸多因素影响，比如学习态度、学习方法、学习习惯、学习动机、家庭环境等，起决定作用的是学生的主观能动性。教学实践表明，学生如果认真主动学习，自觉学习，与教师积极互动，坐在任何座位都可以学好。

其次，班主任排座位要讲究民主。学生是座位的主人，所以，教师排座位必须有学生的参与，否则，即使班主任觉得座位排得公平，但是学生并不认可。有的班主任在排座位时不征求学生意见，甚至直接将座位表贴出来，学生对号入座。这样学生感觉是班主任把自己的意志强加于人，虽然表面不说，其实心里不满。所以，班主任要相信学生的智慧，把编排座位的权利交还给学生，就会发现，我们很头疼的问题，学生可以想出很好的解决办法。当然，在这个过程中班主任也要加强对学生身心状况和座位意愿等情况的了解，提供指导意见让学生参考，最后根据每位学生的实际情况进行统筹安排。

再次，借鉴优秀班主任编排座位的成功经验。比如，著名语文教育家魏书生老师在排座位前先定出座位安排的原则，并教育学生怎样选择同桌和朋友。这些原则有：先矮后高、照顾视力、优差搭配、性别搭配、个性搭配、干群搭配。然后由学生自由组合，自由组合要遵循两条要求，一是有利于学习，二是"四厢情愿"。座位先保持一个月不变，以利于老师和学生、学生和学生之间相互熟悉。然后再根据学生的情况定期轮换，使学生能够找到一个比较适合自己的座位，身心得到健康发展。

排座位是教育资源分配的一种形式，是班主任管理班级的一种手段，是课堂教学空间改革的一项重要内容。小座位的背后体现的是班主任班级管理的艺术和智慧，体现的是班主任教育理念和对学生的人文关怀。心理学家温斯坦说："没有一种座位安排可以满足所有班级、所有学习场所和所有人。"因此，班主任要秉持公平性，兼顾差异性，探索新方法，促进班级集体和学生健康发展。

消除暑假作业代写
需要"四方协同"

正值暑假,中小学生假期作业的代写业务成了热门生意。"联系客服咨询——告知具体作业类型——确定价格——邮寄作业——支付所需金额——开始代写——完工后邮寄给您"。一家代写作业网站上公布着这样的操作流程,并声称"专业代写小学、初中、高中各科作业,正确率80%以上"。此外,多家平台也都存在暑假作业代写业务,作业类型不同,收费标准也有所不同。(蒲公英评论网)

暑假作业代写业务缘何会出现?这可以从"需求"方、"客服"方与监管方来分析。

从"需求"方来说,首先是因为对假期作业不感兴趣学生不愿写。可能假期作业并不多,但是,正所谓"没有兴趣的学习是消磨时间的苦役",谁愿意做"苦役"?怎么办?找人代写。其次,是学生不能写,因为假期作业太多,孩子实在写不完,但是写不完家长不愿意,老师不答应。家长"望子成龙"心切,唯恐孩子输在"起跑线"上,认为孩子写的作业越多,比别的孩子跑得"越快",于是不顾孩子的兴趣,不问孩子的实际,只管打着"我是为你好"的幌子,让孩子整天在"题海"中"遨游"。正像网友人民酱在《我们为什么对教育这么焦虑》一文中所说:"大多数家长,对孩子、对教育缺乏深入的理解,猛然意识到,赶紧管一下……自己拒绝成长,却把成长的任务转嫁给孩子,使孩子担负起几代人的成长任务。"老师则怕自己布置的作业少,学生写的少,影响自己的教学和学生的考试成绩。家长欢迎老师多布置作业，老师也乐于多布置作业。只是苦了孩子。实在写不完，怎么办？只有找人代写。第三，学生不会写，但又不得不写。怎么办？找人代写。第四，学生不明白为什么写，但又不得不写。怎么办？找人代写。

从"客服"方来说，有需求就有市场，有市场就有钱赚。"客服"方为了赚钱，不顾道德、良心的底线，不顾对孩子有什么样的影响，金钱至上，"钱赚才是硬道理"。

从监管方来说，学校对教师布置作业缺乏监管，导致教师布置作业随意化，想布置什么作业就布置什么作业，想布置多少布置多少；相关部门对代写作业网站和服务平台缺乏监管，导致代写作业网站和服务平台为了赚钱而不顾道德和良心的底线。

假期作业代写业务不仅危害孩子，使孩子从小埋下弄虚作假的种子，而且危害社会，使有些人为了金钱而不顾道德、良心。因此，消除假期作业代写业务很有必要，刻不容缓。如何消除这种态势？笔者认为必须"四方协同作战"。

首先，家长要转变教育观念。要认识到作业多少和孩子是否能"赢在起跑线"上没有内在的联系。家长不仅要知道"熟能生巧"，还应当知道"物以稀为贵""多能生厌"。事实上，作业太多，孩子对写作业产生抵触情绪后，不仅不能够促进孩子的学习，反而会扼杀孩子学习的兴趣，而兴趣是最好的老师。

其次，学校要加强对教师布置作业的管理。要对教师布置作业的质量提出具体要求，比如，要求教师布置作业要认真设计和筛选，要少而精，要多元化，要有层次性，要考虑作业的数量与难度等；要求各学科教师布置假期作业时，通过班主任及时沟通，而不是各自为政等。

再次，教师要对学生进行作业目的和作用的教育。布置假期作业是巩固上学期学习内容的一种手段。研究表明，适当的假期作业对学生下学期的学习确实有促进作用，特别是对理科的学习。教师要引导学生明确写作业的目的和作用，让学生明确学习是自己的事情，"事非经过不知难"的道理。笔者就听到过小学生的议论，某某老师布置作业多，我不给他（老师）写了！不少小学生不知道作业是促进自己学习的手段，而认为作业是给老师写的。

第四，有关部门要加强网络监管。要像打击中考、高考作弊那样，出台具体措施，治理代写作业网站，从源头上铲除代写作业平台这一危害青少年学生健康成长的"毒瘤"。

总之，消除暑假作业代写业务是个系统工作，需要家长、学校、教师、监管部门"四方协同作战"，才能形成"合力"，消除作业代写业务这个"顽疾"。

为什么"想好的东西写不出来"

在与一线中小学教师交流中,他们普遍反映这样一个问题:"想好的东西写不出来!"为什么会出现这样的问题?笔者认为,主要原因是"三少":

一是读得少。"读得少"不仅指教师读的数量少,还包括读的不熟,没有达到"熟读"程度。清朝孙洙为《唐诗三百首》的题词大家耳熟能详:"熟读唐诗三百首,不会吟诗也会吟。"之所以"想好的东西写不出来",读得少是一个原因。有一则民间笑话,说的是古时候有一个读书人,每到写文章的时候就愁眉苦脸。妻子看到他写文章时候的痛苦样子,就不以为然地说:"你们读书人写个文章怎么比我们女人生孩子还难呢?"读书人说:"当然啦,你们女人生孩子是肚子里有,关键是我写文章肚子里没有啊!"读书人的回答说明了"巧妇难为无米之炊"的道理。可见,老师要把"想好的东西写不出来",多读、熟读是基础。《三国志·魏志·董遇传》云:"读书百遍,而义自见。"朱熹在读书法中强调"熟读精思",他认为读书"所以记不得,说不去,心下若存若亡,皆是不精不熟之患"。因此,他提出要"熟读",做到"使其言皆若出于吾之口"。相信我们读书达到这样的程度,就可以"想得好,写得出"。

二是积累少。荀子在《劝学篇》中写道:"积土成山,风雨兴焉;积水成渊,蛟龙生焉;积善成德,而神明自得,圣心备焉。故不积跬步,无以至千里;不积小流,无以成江海。""天才在于勤奋,学问在于积累。"积累不仅是一个重要的学习规律,也是一个重要的写作原则。积累教学经验和教训是提高教师写作技能的重要方法和途径。其实，教师不乏教育教学经验，不乏生活阅历，不乏酸甜苦辣，教育教学应是最富有情感的领域，学科知识是最富有趣味的教学内容，教师本应有丰富的写作素材和不竭的写作源泉。教师为什么"想好了写不出来"？重要的原因就是教师不善于积累。读得多了，思考得多了，积累得多了，必然会产生表达的冲动。

  三是写得少。写作是一种技能，像其他所有的技能一样，需要学习和训练才能获得。因此，"想得好，写不出"的根本原因是写得少；"想得好，写得出"的关键在于"多写"。"事非经过不知难"，写作是思想的磨刀石，要把想好的东西写出来，必须让思想在写作这块"磨刀石"上磨砺，才能把模糊、零乱的思想清晰地、有条理地外显出来。教育日记、教育随笔、读后感等是写作训练的简单有效方法。人们说："读万卷书不如行万里路，行万里路不如跟着成功者散散步。"坚持每天写教育日记，正是苏霍姆林斯基、陶行知、陈鹤琴等教育家走过的成功之路。特级教师武宏伟认为，教师整体素质偏低与写作水平低下不无关系，"写"是培养优秀教师的唯一途径，是教师成长和发展的催化剂。他建议把"写"作为教师继续教育的核心内容。这与朱永新教授提出的促进教师专业发展的"专业写作"主张，可谓异曲同工。因此，教师要充分认识写作对教师专业发展的重要意义，在阅读、积累、写作中获得成长的力量，特别是，要学会在写作中寻找精神的归宿。如此，教师就会感觉"每天的太阳都是新的"。

如何避免教育评论中的逻辑错误

中国教育报刊社蒲公英评论编辑田贵兴老师的《怎样才能写好教育评论》一文,对我们写好教育评论确实具有指南作用。文中指出,教育评论作者常犯的逻辑谬误是"文章层次不清,内容颠三倒四,车轱辘话来回说,论据不能证明论点,或者前后文没有呼应,甚至自相矛盾",典型表现为"以偏概全""感觉谬误""反问谬误"等①。笔者在教师培训中也经常布置写教育评论之类的作业。老师交上来的作业确实普遍存在上述问题。笔者通过课堂调查了解到,造成这些问题有很多原因,比如教师缺乏问题意识,平时练笔少,没有掌握写作技能等。但主要原因是老师缺乏逻辑学知识。"您上大学时学过'逻辑学'吗?""走上工作岗位后您自学过'逻辑学'吗?"除了政治教育专业的教师外,大部分老师给出的是否定回答。老师们甚至说,学好"教育学""心理学""教师专业发展"等教师教育课程就行了,"逻辑学"那样"高大上"的知识像"天书",一是学不懂,二是学懂了也没有什么用。正是老师对"逻辑学"有这样的错误认识,以及缺乏"逻辑学"的基础知识和逻辑训练,导致我们思维逻辑的缺陷,从而在写教育评论时出现这样那样的逻辑错误。

怎样避免教育评论时经常出现的逻辑错误呢?笔者认为,掌握和运用"逻辑学"知识是最重要的措施。

首先,要充分认识逻辑和"逻辑学"的重要作用。所谓逻辑,是指思维的规律和规则,是对思维过程的抽象。逻辑能够对人的思维起到规范作

---

① 田贵兴.怎样才能写好教育评论[EB/OL].www.jyb.cn.

用，让人的思维更加全面、深刻和理性，对世界的认识更加正确，对问题的处理也会更加合适。而"逻辑学"是研究思维规律的学科，联合国教科文组织把它列为7门基础学科中的第二门，仅次于数学，《大英百科全书》把它列为5门基础学科之一，可见"逻辑学"的重要性。①比如，我们掌握了"概念"的逻辑知识，就会注意避免运用概念常犯的"概念含混不清""重复使用同一关系的概念""属种概念并列不当""交叉概念并列不当""集合概念误作非集合概念"等逻辑错误。

其次，要认真阅读一些"逻辑学"方面的文献。除了田贵兴老师推荐的《常犯的十五种逻辑错误，你中了几枪?》《人们常犯的逻辑错误有哪些?》《很多中国人常犯的逻辑错误》等文章外，于海飞博士的《论逻辑基本规律在日常思维活动中的作用》、史天治老师的《逻辑基本规律及其应用》等文章，吴正荣《关于逻辑学的100个故事》（南京大学出版社，2015年出版）、宋怀常的《中国人的思维危机》（天津人民出版社，2010年出版）等书籍都是很不错的文献。尤其是美国著名的逻辑学教授麦克伦尼的《简单的逻辑学》（赵明燕译，浙江人民出版社，2013年出版）一书，将宽广、深奥的逻辑科学以贴近生活、通俗易懂、妙趣横生的语言娓娓道来，既没有刻板的理论教条，也不是正规的教科书，但是理论联系实际，向初次接触逻辑学的人深入浅出地介绍了逻辑学的基本原理，是一本不可多得的现实指南。

第三，自觉运用"逻辑学"知识于写作中。比如，形式逻辑有四个基本规律：同一律、排中律、充足理由律和矛盾律。这是客观事物的规定性在人脑意识中的正确反应。因此，任何人在进行思维活动时都必须遵守这四大规律。只有遵守这些思维的基本规律，我们才能做到说话和写文章时概念明确、判断恰当、推理论证具有说服力。否则就会概念论断含混不清、前后矛盾、模棱两可，无法正确地表达自己的思想和观点，当然也就

---

① 中国人常犯的逻辑错误，你知道几种？[EB/OL].http://blog.sina.com.cn/s/blog_61703b990102v4lu.html.

谈不上有说服力了。①

　　因此，我们写好一篇教育评论后，有必要尝试运用形式逻辑的四个基本规律审视自己的思维，有没有出现因违反同一律而导致的"混淆概念""偷换概念""文不对题""转移论题"或"偷换论题"的逻辑错误；有没有出现因违反矛盾律而导致的"自相矛盾""题目与结语矛盾"的逻辑错误；有没有出现因违反出现排中律而导致的"模棱两可"或"两不可"的逻辑错误；有没有出现因违反充足理由律而导致的"虚假理由""推不出"的逻辑错误等。

---

　　① 江南小隐.形式逻辑的四大基本规律[EB/OL].http：//blog.sina.com.cn/s/blog_a7ab2e510101eco5.html.

抓住三个关键，写好教育评论

我加入蒲公英评论员队伍时间不长，但写作教育评论已经有几年了。截止到昨天，我在蒲公英评论网发布作品12篇，入选9篇，入选率为75%。在写作过程中，我的体会是，写好教育评论，要抓住三个关键。

一是学习教育评论相关理论是写好教育评论的前提。马克思说过，"没有理论指导的实践是盲目的实践"，盲目的实践必然要走不必要的弯路。如果对"什么是教育评论""教育评论评论什么""教育评论如何评，如何论"等基本理论都不明白，很难想象能够写好教育评论。再如，如果对形式逻辑的四个基本规律即同一律、排中律、充足理由律和矛盾律不熟悉，就难以避免出现"混淆概念""偷换概念""文不对题""转移论题"或"偷换论题""自相矛盾""虚假理由"等逻辑错误。

二是借鉴名家经验是写好教育评论的捷径。判断教育评论名家的标准有二：①所写评论入选率高，②评论的访问量大。前者如江苏省宿迁经贸高等职业技术学校的吴维煊老师，发布81篇评论，入选75篇，评论入选率高达92.6%；后者如21世纪教育研究院副院长熊丙奇，评论访问量平均高达400人左右。人们常说，"读万卷书不如行万里路，行万里路不如跟上成功者散散步。"借鉴名家的评论，看他们是如何选题的，如何分析的，如何论证的，把自己的评论同名家的评论进行比较，找出差距，及时修改，就能不断提高。

三是"读、思、学、行"是写好教育评论保证。韩愈在《劝学诗》中写道："读书患不多，思义患不明。患是己不学，既学患不行。"这虽然是一首劝学诗，但对我们写好教育评论很有启发。首先要多读，能够在阅读中发现问题，能够为写作提供素材，能够解决"巧妇难为无米之炊"的困难；其次要多思，法国哲学家帕斯卡尔在《人是一根会思考的芦苇》一书中写到："人既高贵又渺小，人因思想而高贵，高贵到知道自己渺小和高贵。人是自然界中最脆弱的东西，所以他是一根芦苇，但他因为会思考，可以囊括宇宙，可以通向无穷，这就是人在宇宙中的全部尊严。"多思、多学才能增强自觉意识，发挥写作的自主性、能动性和创造性，提出新颖独到的观点；行动是最有力量的，正如克雷洛夫所言："现实是此岸，理想是彼岸，而行动是架在理想和现实之间的桥梁。"即使我们有很恰当的选题，即使我们熟练掌握了证实方法，但是，如果只是"君子动口不动手"，那我们照样也是写不出好的教育评论的。

学生成长研究

下篇

培养有宽容美德的学生

"宽容"是一种美德,这既是一个古老的话题,也是一个有新时代精神的主题。宽容教育对建立融洽的师生关系,促进学生个性化和创造性思维的发展。营造自由、民主的学习氛围具有重要意义。特别是在开启学生心灵、转化后进生及学生逆反心理方面更有独到的作用。然而,受"严是爱,松是害""严师出高徒"等传统观念的影响,一些老师认为,宽容是不负责任的表现,唯恐宽容会让学生为所欲为。他们听不得学生不同的声音,见不得学生"另类"的行为,容不得学生人性的弱点,严惩、严格、严厉是他们普遍的教育思想,苛求、刻薄、苛刻是他们普遍的教育行为。殊不知,一味的严厉,一贯的苛责,学生虽慑于高压而屈服,但往往是口服心不服。更可怕的是,教师的偏狭对这些学生也会起到"示范"作用,他们也会像老师那样"躬自薄而厚责于人",甚至因"羡慕嫉妒恨"而发生第二名残杀第一名的同学、毕业十几年后返回母校残杀无辜的学弟学妹的惨剧。因此,培养有宽容美德的学生,是当前立德树人工作的重要方面。

首先,要从工具理性回归到人性关怀教育价值观。宽容是教育本质的延伸,教育走向宽容,意味着教育本性的回归。而近些年,受经济利益的驱动,教育技术主义和工具主义盛行,"数量""效益""效率"等功利主义目标成为事实上支配教育的主导价值观,人文精神被排斥在教育的大门之外,教育渐渐丧失了其宽容的本真。进入新时代,科学主义、功利主义的弊端日益凸显出来,人文主义再受重视,教育也要从工具理性回归到人性关怀。因此，充分认识宽容教育的重要性，相信宽容教育的力量。教师要以宽容的美德观做教育，树立为学生发展服务、民主平等、尊重差异等宽容教育理念，把学生看作生成的、发展的人，在教育过程中全方位灌注宽容精神，让学生在宽容的教育环境中学会宽容。

其次，将宽容精神渗透到日常教育教学中。宽容教育是人文教育和道德教育的重要组成部分，宽容教育的关键在于教师把宽容精神融入日常教育教学中。在日常教育工作中，教师要积极诱发学生的质疑，理性对待学生的"过错"，坦然对待学生的冒犯。特别是在处理突发事件时，要头脑冷静、从容镇定、沉着应对。对于学生的性格缺陷或者弱点，要正面引导，利用具有"正能量"教育的力量帮助学生控制这些弱点。在教育过程中应注重说服和启发，不要强迫和灌输；要注重鼓励和表扬，不要无端指责和批评。"道而弗牵，强而弗抑，开而弗达"实乃宽容教育教学方法论的经典。

第三，让宽容落实到学生的行动中。品德形成是一个知情意行相统一的过程，而良好行为习惯的养成主要应通过行为训练和行为强化来进行。因此，学生形成宽容的美德也应落实在日常生活实践中，应让学生从小就进行锻炼和实践。从学生能够做得到的小事入手，从学生的日常生活入手，从围绕在学生身边的各种关系入手，使学生感受到宽容与生活息息相关，宽容是生活的一部分，宽容的内容也因而丰富起来。

最后，需要说明的是，宽容是一种美德，但并不意味着宽容愈多其道德价值就愈高，宽容不是放纵，宽容也有边界，超越这个边界，宽容了不该宽容的现象，是与宽容的初衷背道而驰的。因此，合理设定界限是对宽容最好的彰显和保护。

增强礼仪教育实效要实现三个转变

古人云:"礼者,敬人也;仪者,形式也。"礼仪就是人们把对他人的尊重之心、敬爱之意、关心之情用一定的仪式表现出来。礼仪教育的本质是培养人的教养,即教人如何尊重人、敬爱人、关心人,以及如何与他人相处。礼仪教育是道德教育的重要组成部分。我国《公民道德建设实施纲要》指出:"开展必要的礼仪、礼节、礼貌活动,对规范人们的言行举止有着重要的作用。"学校开展礼仪对于提高学生的道德修养具有重要的现实意义和历史意义。然而多年来,由于我们礼仪教育实践中理念的偏差、"应试教育"影响、外来文化冲击、网络道德失范等原因,礼仪教育存在严重的形式化现象,缺乏吸引力和感染力,针对性和实效性不强。因此,增强礼仪教育实效性势在必行。

首先,转变观念。众所周知,礼仪不是什么高科技,但为什么普及礼仪知识、开展礼仪教育那么难呢?其中最主要的就是人们的观念有问题。有些人认识不到礼仪的价值,认为讲不讲礼仪无所谓;有些人认为"分数才是硬道理""名次才是真本事",礼仪教育必须让位于多做题、取得好成绩。这些观念导致学校礼仪教育流于形式,使得学校礼仪教育缺乏实效性。事实上,美国雪城大学管理学院研究人员曾对《幸福》杂志所列的100家大公司的高级执行经理进行了全面调查。结果显示,英国93%和美国96%的公司经理一致认为,礼仪和个人形象对于获得成功非常重要。他们说,人人都渴望成功,但是离礼仪有多远,离成功就有多远。可见,增强礼仪教育实效性,首先应转变教育观念,充分认识礼仪教育的重要性。

其次，转变方法。礼仪教育既要教给学生礼仪知识，更要教给学生具体的操作。而礼仪的具体操作又是实践性很强的内容。因此，礼仪教育就要改变传统"满堂灌""一言堂"的教学方式，采用学生喜闻乐见的案例、讨论等教学方法，考虑学生需求，以学生为中心，教到学生需要处，才能激发学生学习兴趣，调动学生积极性，增强礼仪教育实效性。

再次，转变评价方式。评价具有监督和导向功能。通过评价标准的引导，可以为礼仪教育实践指明方向。但长期以来，中小学礼仪教育的评价标准十分陈旧，仍然用评价学科教学的标准评价礼仪教育，直接导致礼仪教育变成了单纯的知识教育。

因此，我们要探索新的评价方式，由传统的闭卷考试，转变为集平时成绩、期末实操等多种方式相结合的综合评价模式，科学合理地评价学生的学习效果，最终实现自觉讲礼仪的行为习惯。

课堂教学既要讲"理"更要讲"礼"

教学过程中学习的主体——学生，在教学中常常注重讲"理"。比如前些时候在网上引起围观的《92岁院士站着做报告 学生们趴着打瞌睡》的帖子①，我让学生讨论对此事的看法时，某学院120多名学生中有三成多的学生认为，没有什么值得大惊小怪的，不就是没有听讲吗？如果院士讲的内容我听不懂或者不感兴趣，为什么一定要听呢？这些学生说的有"理"吧？几乎在所有教师的课堂上都可以发现，有的学生玩手机，有的学生看课外书，甚至谈情说爱。问他们为什么不听课，他们说不感兴趣，为什么要听。问题是，如果老师也讲"理"，我上课你不听，我为什么要给你讲？"公说公有理，婆说婆有理"，那么师生关系必定"弄拧"。

所以，处理好教学中的师生关系，既要讲"理"，更要讲"礼"。"礼者，敬人也。""礼"是一种规范，是对人的尊重，具有约定俗成的特点。"约定俗成"是什么意思？《荀子·正名》说得明白："名无固宜，约之以命，约定俗成谓之宜，异于约则谓之不宜。"用现在的话说就是事物的名称或社会习惯是由人民群众经过长期社会实践而确定或形成的。"约定俗成"有时候是不讲"理"的。比如，男性和女性握手时，女性先伸手；下级与上级握手，上级先伸手，等等。

正像有的学生说的："院士作报告我为什么就得听？""为什么我得尊重你？"是很讲"理"的，但是却又是不讲"礼"的。如果讲"礼"，92

---

① 92岁院士站着做报告 学生们趴着打瞌睡 http://newsqq.com/a/20140916/070416htm

岁的老人（且不说他是院士）站着给我们作报告，我们不该尊重他吗？

教学中的师生关系，由于"把学生当上帝"，已经有点"礼崩乐坏"了。"师道尊严"固不可取，但"把学生当上帝"，不把老师当回事，老师会有什么样的感受？他能心情舒畅地投入教学吗？

学生为什么对母校薄情寡义

刚刚看到李镇西老师《这个"优生"打了谁的耳光》的博客，大致内容是，某知名老牌重点中学在高考中"再创辉煌"，有一个学生考上了清华大学。该生是学校"重金收购"的中考尖子生，学校按照是当初高中招生时的约定，给了他七万元的奖励。学校打算请他回母校给学弟学妹们介绍学习经验，便通过班主任给他打电话。那位"优生"第一句话是："多少钱？"班主任完全没有想到学生这样问。于是便教育"优生"，"学校培养你不容易""要懂得感恩"。该"优生"又反问了一句："我考上清华关学校什么事？"李镇西老师分析道，这个"优生"不仅打了班主任的耳光，而且打了学校的耳光，更打了中国功利主义教育一记响亮的耳光。[①]笔者非常赞同李老师"三个耳光"的分析，同时感到有必要进一步思考：为什么老师和学校对"优生"深情厚意，换来的却是"优生"对母校对老师的薄情寡义甚至是忘恩负义？老师、学校和我们的教育怎样避免再挨这样"悲催"的耳光？

学校对待"优生"一往情深，换来的却是忘恩负义的耳光，为何？

首先是学校评价学生的标准有偏差。什么样的学生是好学生？在不少学校看来，学习好的学生才是"优生"，学习不好就是"差生"；学习好的学生可以"一好遮百丑"，爱不爱老师，爱不爱母校都没问题；只要学习成绩好，能够考上清华、北大，不尊敬老师，看不起母校，对同学冷漠等

---

① 李镇西.这个"优生"打了谁的耳光.[EB/OL].http://blog.sina.com.cn/s/blog_54c61efa0102vxk1.html.

不良品格都不是什么问题。相反，学习成绩不好的学生，即使发自内心地尊重老师，热爱母校，老师和学校常常视而不见。

其次，学校对待"优生"的做法不公平。"优生"不惜"重金收购"，"购"来后视若珍宝，选派教学能力最强的老师教"优生"，选派最有班级管理经验的老师当班主任；"优生"的寝室、教室有空调，所处位置僻静，给"优生"专门开设的小餐厅，有高额奖学金，许诺考上清华、北大后再发多少万元的奖金。"优生"在学校高人一等，享受一般学生享受不到的"特权"。

再次，学校对"优生"的教育是金钱至上。从招生到考上名校，学校让"优生"感到的就是"钱能通神"，成绩好就"值钱"。你不是这个学区的，甚至你是外地的，只要学习成绩好，就"值钱"，学校花钱就可以把你"买进"；你考上了清华、北大，更"值钱"，给你多少万元的所谓奖学金。

上述分析可以看出，学校和社会很少教育"优生"尊重老师，感恩母校，而灌输的是"成绩好就值钱"的理念。这种理念使得"优生"们对钱特别敏感，让我做事，就得给钱；使得"优生"们特别自我，对得到的一切视为理所当然，因而对教师，对学校，对社会甚至对父母都薄情寡义，不知感恩。甚至有的"学霸"考上了清华、北大，结果却成了"精致的利己主义者"。[①]

要让我们老师、学校、教育不再挨学生的耳光，笔者认为从几个层面

---

① "精致的利己主义者"是北京大学教授钱理群在为已故马小平老师的《人文素养读本》（更名为《叩响命运的门》，湖南出版社，2011）一书的序言中提出的概念。钱理群教授写道：我曾经从北大这样的重点大学的教育，反观为北大输送人才的重点中学教育，有一个让我出一身冷汗的发现：我们正在培养"绝对的，精致的利己主义者"，"所谓'绝对'，是指一己的利益成为他们一切言行的唯一驱动力，为他人、社会所做的一切，都是一种'投资'；所谓'精致'，是指他们有很高的智商、教养，所做的一切在表面上都合理、合法，无可挑剔；同时，他们又惊人的'世故老成'，经常作出'忠诚'的姿态，很懂得配合、表演，最善于利用体制的力量，最大限度地获取自己的利益，成为既得利益集团的成员，因此，他们要成为接班人，也是顺理成章的"。

做起。

一是教师应加强对学生进行做人的教育和引导。教育学生爱教师、爱母校。《礼记》上说得好："人不学，不知道。"《三字经》上也说："人之初，性本善。性相近，习相远。苟不教，性乃迁……玉不琢，不成器。人不学，不知义。"从来没有教过"优生"尊敬老师、热爱母校，他认为自己得到的是自己努力的结果，"关你学校什么事"？"优生"不知道自己能考上清华、北大，离不开教师的辛勤培育、离不开学校提供的优厚条件，怎么可能对母校有深情厚意？所以，教师要立德树人，引导学生从尊重老师、家长，热爱故乡、母校等方面学会做人。

二是学校应树立正确的学生观。要辩证地、发展地看待每一个学生。学校教育现实告诉我们，成绩好的学生也有缺点，成绩差的学生也有亮点；学习好不见得品德好，学习差不一定人生差，关键是我们用什么标准去看待和评价学生。如果用"学习成绩"高低来评价学生，那么能考高分就是好学生；但是，如果用"对老师尊重""对母校热爱"等标准来评价学生时，我们就会发现，能考高分的未必是好学生，就会发现所谓的"优生"，其实在做人方面恰恰是"差生"，甚至在做人方面是个"残疾"。很多老师在教育实践中发现，倒是那些"差生"，毕业后对老师反而很尊重。就像刘堂刚老师在《毕业后，优秀的"心肝宝贝"和让人头疼的"差生"，谁更记得老师的好》一文中所写的："一个是被老师经常惦记的'心肝宝贝'，一个是令老师唯恐躲之不及的'头痛差生'，毕业后，却像是上帝开了一个玩笑，前者的冷漠让人寒心，后者的深情更让人反思：我们应该怎么样正确地、平等地对待每一个学生。"①

三是社会和家庭应把目光放长远，淡化功利心。如果把分数变成孩子获取利益的手段，孩子可能会为考高分而不择手段，甚至出现因分数而导致伤害同窗的人格扭曲的"学霸"。

总之，家长、教师、学校和社会都要牢记教育的初心是培养"人"，

---

① 刘堂刚.毕业后，优秀的"心肝宝贝"和让人头疼的"差生"，谁更记得老师的好[J].人民教育，2015-11-21.

培养"真正的人"才是教育的根本目标。正如先生陶行知所说:"先生不应该专教书,他的责任是教人做人;学生不应该专读书,他的责任是学习人生之道。""千教万教,教人求真;千学万学,学做真人。"

敬畏教育何以失落

中国历史上虽然没有像西方国家那样有统一的敬畏宗教，但自古以来，中国的道德教育却从来不乏对敬畏的关注和敬畏教育的思想。孔子说："君子有三畏：畏天命，畏大人，畏圣人之言。小人不知天命而不畏也，狎大人，侮圣人之言。"（《论语·季氏》）。韩愈说："陛下敬畏天命，克己修身。"（《贺太阳不亏状》）朱熹说："君子之心，常怀敬畏。""然敬有甚物，只如畏字相似，不是块然兀坐，耳无闻目无见，全不省事之谓，只收敛身心，整齐纯一，不恁地放纵，便是敬。"（《朱子语类》卷12，"持守"）然而，审视当前的中小学道德教育不难发现，学校对敬畏的关注出现了弱化、失落的趋势，普遍没有把敬畏纳入道德教育的范畴。由于道德教育中敬畏的失落，造成一些青少年对师长不敬畏，对规矩和秩序不敬畏，对社会评价不敬畏，对义务责任不敬畏，他们为所欲为，恣意妄为，甚至胡作非为。特别是令人触目惊心的校园欺凌现象，固然有家庭、学校、社会、心理等诸多因素的影响，但不可否认，道德教育对敬畏的忽视是一个重要原因。有学者提出："缺乏敬畏，是中华文化的最大隐忧！"[①] 因此，探讨道德教育中敬畏的重建，是中小学道德建设的的重要课题。

---

① 缺乏敬畏，是中华文化的最大隐忧！[EB/OL].20130226http：//zhongmaochu.blog.163.com/blog/static/20733805320131267414 6226

一、敬畏的意蕴与功能

对于什么是"敬畏",学界一直尚没有公认的定义。《辞源》中也找不到"敬畏"一词。从字面上看,"敬"是严肃,认真的意思,还指做事严肃,免犯错误;"畏"有"慎,谨慎,不懈怠"之意。"敬"体现的是一种人生态度和价值追求,它促使人们"自强不息"、有所作为;"畏"显示的是一种警示的界限和自省的智慧,它告诫人类应"厚德载物"、有所不为。①

我国学者认为,"敬"与"畏"不可分割,"敬"是"畏"的前提,"畏"是"敬"的结果,是实现"敬"的手段。"敬畏"不是"敬"与"畏"的简单叠加,而是有机的统一。敬畏是一种由"敬"而"畏"的道德情感,是人们对于权威、庄严或崇高事物产生的既敬佩又畏惧的态度、情感或心理,是一种实现自我的价值追求,一种守礼成仁的道德规范,一种克己自律的修养方法。②

心理学认为,自然界和人类社会中的很多美好事物可以激发起人们不同的情绪,但其中最普遍的情绪是"敬畏"。积极心理学发现,敬畏情绪可以给人们带来情绪上的、心理上的以及生理上的益处,可以延长个体的时间知觉,增加亲社会行为,促进精神追求,减少自我意识以及对信息进行深入加工等。③

我们认为,敬畏就是对事物的一种神圣态度。敬畏源于信仰,敬畏不是惧怕,而是一种心怀神圣感的"尊敬"和"惶恐"。敬畏不是愚昧、猥琐的代名词,而是人类拥有伦理智慧的象征。一个人只有心存敬畏,才会三思后行,行有所循,行有所止。一个社会只有信奉敬畏,才会更加文明,更加和谐。无论是个人成长,还是建设国家,抑或是重建道德,敬畏是一个绕不开的话题。敬畏警示着人们的思想,规范着人们的行为,是人

---

① 敬畏伦理与社会和谐[EB/OL]. http://www.leleketang.com/lib/22165250.shtml.
② 张伟敬.畏感在德育中的运用[J].中学政治教学参考,2013,(08):24.
③ 董蕊,彭凯平,喻丰.积极情绪之敬畏[J].心理科学进展,2013,(11):201.

类培养理想人格、安身立命的根本，从而对自然的合理演化、社会的有序发展、人类的文明进化起着积极的作用。①

二、敬畏失落：道德教育的致命伤

从理论上讲，道德教育中每一方面内容的缺失，都会影响其整体效果。但道德教育的实践证明，敬畏失落才是道德教育的致命伤。

（一）敬畏虚无引发道德冷漠

在我们这个"地球趋暖、人情渐冷"的时代，道德冷漠随处可见、人人可感，是我们生活中一个无法抹去的事实性存在。②所谓道德冷漠，是一种人与人之间情感联系的疏离和淡漠，以及由此引起的相互之间关心的退隐和责任的弱化，从而导致道德行动上"不作为"的产生。③道德冷漠具体表现为：道德敏感的丧失和道德判断的搁置，道德意志或道德勇气的匮乏，道德的是非感和道义感的丧失。④

道德冷漠有复杂的成因，是多种社会因素综合作用的结果。但不可否认的是，学校道德教育中的敬畏虚无是一个重要原因。敬畏虚无即"学校对敬畏说起来重要，做起来不要"。于是导致一些人无所畏惧。试想，一个人如果"无所畏惧"，道德对于他来说还有什么约束力，因而他在道德上也就变得极端：或者我行我素，或者麻木不仁。如果整个社会陷入道德冷漠，那么这个社会秩序一定会出大问题，使人们不再相信正义、善良、美德或道德的现实性，因而在道德上感到普遍的无能为力、无动于衷。⑤

（二）敬畏失落滋生校园欺凌

校园欺凌是中小学生间发生的一种力量不均衡的特殊攻击性行为。近年来，校园欺凌呈现出低龄化、暴力性发展倾向，其残酷性、血腥性令人

---

① 敬畏伦理与社会和谐[EB/OL]. http://www.leleketang.com/lib/22165250.shtml.
② 高德胜.再论道德冷漠与道德教育[J].教育研究与实验，2015(05)：1.
③ 郭文文.道德冷漠的教育审视[J].中小学德育，2014(7)：12.
④ 陈伟宏，陈祥勤.道德冷漠的原因分析及其矫治对策[J].道德与文明，2014(4)：31.
⑤ 陈伟宏，陈祥勤.道德冷漠的原因分析及其矫治对策[J].道德与文明，2014(4)：31.

震惊！① 校园欺凌对欺凌者和受欺凌者的心理都会产生不良的影响。② 国内外学者对校园欺凌从心理学、家庭教育、社会防治、公安学与教育学、文化管理等不同视角对校园欺凌进行了深入研究，提出了校园欺凌不同的形成机制。诚如学界的共识，校园欺凌是一种复杂的社会现象，是多种因素综合作用的结果。但依笔者愚见，与学校、家庭、社会忽视对中小学生进行敬畏教育有直接关系。正是因为中小学生缺乏敬畏，所以，他们才为所欲为，恣意妄为,甚至胡作非为，导致中小学校园欺凌现象日趋严重。

舍勒说："我们一旦关掉敬畏的精神器官，世界就立即变成一道浅显的计算题。只有敬畏才使我们意识到我们自我和世界的充实与深度。"③ 当敬畏感产生时，我们将在瞬间超越当前有限存在和世俗生活，感受并体验到某种向善的召唤和寻求美好生活的幸福。④ 然而，长期以来，学校"没有道德"的道德教育弱化了敬畏的神圣性、警示性和规范性。具体来说，德育教育中敬畏的失落主要原因有：丢弃了传统文化的敬畏，张扬所谓现代文化为所欲为的个性；德育内容的偏颇，德育内容脱离学生生活实际；德育目标的理想化，与日常生活息息相关的敬畏教育做的不够；德育方法主要采用灌输，忽视学生的主观能动性；学校、社会和家庭缺乏沟通，封闭型的学校道德教育与社会现实严重脱节；"应试教育"被无限抬高，道德教育乏人问津；网络环境的认知偏差，使学生道德情感和道德行为步入歧途。

三、敬畏重建：道德教育的新诉求

"任何一种教育理论都源自人们对所处社会的时代性、根本性现实问题的理性追问，以及在这种追问、审视中形成的对这一问题实质的自我意

---

① 杨岭，毕宪顺.中小学校园欺凌的社会防治策略[J].中国教育学刊，2016(11)：7.
② 章恩友，陈胜.中小学校园欺凌现象的心理学思考[J].中国教育学刊，2016(11)：13.
③ 刘小枫.二十世纪西方宗教哲学文选(下)[M].杨德友等译.北京：三联书店，1991：148.
④ 薛晓阳.论虚无、敬畏与教化[J].现代大学教育，2008 (5)：68—72.

识并以思想理论方式给出的研究立场、求解思路、实践方略和价值理想。"①中小学道德教育中敬畏的重建，是针对当前我国中小学道德教育实践和理论发展中所出现的新情况和新问题提出的。对中小学德育教育中敬畏的研究，既不是我们的主观臆想，也不是我们的心血来潮，而是来自于现实的需要以及我们对这种需要满足的责任感。②为此，我们提出中小学道德教育重建敬畏的几点建议。

（一）继承东西方敬畏伦理传统

一个毫无敬畏之心的人是灵魂的自我撕裂，一个没有敬畏之心的民族将是世界的灾难。③东西方贤哲们大多都表达过他们的"敬畏"之情。孔子的"畏天命"，是对不可抗拒之必然性的敬畏；老子的"吾所以有大患者，为吾有身。及吾无身，吾有何患"则表现出对生命本身的敬畏；中国哲人对"慎独""敬其在己者"的崇尚；《大佛顶首楞严经·卷四》中对"狂性自歇，歇即菩提"的表述；康德对"头上的灿烂星空、心中的道德律令"的警示；海德格尔"畏之所畏就是世界本身"提醒……无不属于"敬畏伦理"的表现。所以，人类应该有所敬畏。对敬畏感的褒扬，并不意味着宣传愚昧与迷信、抹杀人的主体能动性，而是主张对人的主体性加以适度限制，即对人的狂妄浅薄、妄自尊大、不自量力等予以合理规约。这种限制和规约，有助于人类心灵的净化、人格的完善，特别是在人的主体性已得到极大张扬的今天，尤为必要。④

（二）以敬畏生命原则为出发点

当前，道德教育理论存在的误区之一，是道德教育以关系为出发点，关注的是人与人、人与社会之间的关系，人与他人仅仅是一种关系的存在。由于道德教育的这个误区，使之陷入一个"怪圈"：教师对学生进行道德教育，却以不道德的方式打骂学生，而学生又在伤害其他同学。这是

---

① 祖国华.思想政治教育审美问题研究[D].长春：东北师范大学，2009：1.
② 赵鑫.中小学德育教材中道德教育内容衔接研究[D].上海：上海师范大学，2015：1.
③ 李国祥.敬畏是道德教育的基核[N].中国教育报，2016-9-8-⑥
④ 敬畏伦理与社会和谐[EB/OL]. http：//www.leleketang.com/lib/22165250.shtml.

因为我们总是把其他生命看作是与自己存在关系的对象，而不是生命本身，我们所进行的道德教育也仅仅是道德规则的传授，而不是与学生进行生命之间的交流。所以，道德教育应当以生命为出发点，以敬畏生命原则为出发点。以敬畏生命为出发点，就是教育学生应当对一切生命持有敬畏感，避免伤害生命。以敬畏生命原则作为道德教育的起点，就应当引导学生敬畏自己的生命，敬畏他人生命。当对生命怀有敬畏感时，每个学生也就在心中产生了道德的信念。①

（三）增强青少年对法律的敬畏意识

目前，我国已经废除了劳动教养制度，但针对低龄犯罪的司法制度并没有及时跟进。同时，《中华人民共和国刑法》只规定刑事责任最低年龄，缺乏专门针对实际存在的低龄犯罪的司法制度。而一些恶性事件给受害者造成伤害后，往往因为加害者是学生，普遍存在以教育为主、惩罚为辅，从轻、甚至免除处罚的"司法共识"，致使伤害他人的青少年因不须承担伤害行为后果的法律责任而对法律没有敬畏感。青少年行为没有法律底线是导致违法犯罪不断出现的重要原因。与英美等国相比，我国对校园欺凌等恶性事件的处罚偏轻。因此，应增强青少年对法律的敬畏意识，使中小学生对法律存在敬畏感，掌握行为的法律底线。②

（四）纳入学生发展核心素养

长期以来，道德教育因实效性差、效率低下备受诟病，因此，增强道德教育实效性，提高道德教育效率是道德教育需要迫切解决的难题。笔者认为，把敬畏纳入学生发展核心素养，有助于破解这一难题。中国学生发展核心素养，以科学性、时代性和民族性为基本原则，以培养"全面发展的人"为核心，分为文化基础、自主发展、社会参与三个方面。综合表现为人文底蕴、科学精神、学会学习、健康生活、责任担当、实践创新六大素养。③其中"人文底蕴"是六大素养之一，而"人文情怀"又是"人文

---

① 张鲁宁，韩钟文.敬畏生命与道德教育[J].教育评论，2004，(01)：37-38.

② 章恩友，陈胜.中小学校园欺凌现象的心理学思考[J].中国教育学刊，2016(11)：13.

③ 核心素养研究课题组.中国学生发展核心素养[J].中国教育学刊，2016(10)：1.

底蕴"的重要组成部分，其重点是："具有以人为本的意识，尊重、维护人的尊严和价值；能关切人的生存、发展和幸福等。"笔者认为，"敬畏"是"人文情怀"的重要方面，换言之，在"人文情怀"中应当体现"敬畏"，以引起人们对"敬畏"教育的高度关注，并落实到立德树人根本任务中。

最后，需要说明的是，承认敬畏在道德教育中的价值，承认道德教育中敬畏的失落而提出重建敬畏，并不是把校园欺凌、道德滑坡、诚信缺失、违法犯罪等都归因于敬畏的缺失；更不是要把所有的教育问题都让敬畏扛，或把敬畏作为解决一切教育问题的灵丹妙药。而恰恰是要超越迷信式的敬畏，让敬畏在道德教育与实践中担当起应有的责任。[①] 对此，王阳明所论敬畏与洒落之说颇有借鉴意义："君子之所谓敬畏者，非有所恐惧忧患之谓也，乃戒慎不睹，恐惧不闻之谓耳。……是洒落生于天理之常存，天理常存生于戒慎恐惧之间。"[②]

[①] 樊宏法."自然"的德性敬畏[J].伦理学研究，2006(03)：106-107.

[②] 王阳明.王阳明全集：卷五·答舒国用[M].上海：上海古籍出版社，1992：190.

"没有教不好的学生"的逻辑批评

"没有教不好的学生,只有不会教的老师"是一个教育口号,很多人对这个教育口号进行了分析,说明是"不靠谱"的标准。比如,20世纪20年代,被称为"青年一代最好指导者"的教育家杨贤江,在我国第一部用马克思主义的原理阐述教育理论的书籍《新教育大纲》中,就对当时教育界非常流行的"三论"——"教育万能论""教育救国论""先教育后革命论"夸大教育的功能进行了深入批判,他指出,这些观点"迷惑了人""颇为有害""必要澄清"①。全美最佳教师奖雷夫·艾斯奎斯说:"我不认为我能教好所有的学生。我们应当努力去教好每个学生,但有些学生是教不好的,就像大夫拯救不了每个人的生命一样②。"

但是,时至今日仍有人甚至是名人奉为圭臬。特别是一些领导,甚至是教师出身的教育行政领导,以此作为"评价标准",或者把这句话当成训斥老师的"绝对真理"③。这里从逻辑学的简单枚举归纳推理角度,说明这个教育口号的问题。

简单枚举归纳推理是不完全推理的一种,是以经验性的认识作为主要

---

① 孙培青.中国教育史[M].上海:华东师范大学出版社,2009:449.

② "美国最佳教师"雷夫的教育观[EB/OL].https://www.sohu.com/a/214202703_752763.

③ 李镇西."没有教不好的学生,只有不会教的老师"?[EB/OL].http://www.sohu.com/a/114323484_372539.

依据，从某种事例的多次重复又未发现反面事例，从而推出一般性结论的不完全归纳推理。正确运用简单枚举归纳推理应注意尽量增加枚举的数量，扩展考察的范围，这样才能尽可能地增加结论的可靠性；一旦发现反例，就应该推翻原来带有普遍性的结论，这就是所谓的"证伪"；通过"证伪"可以避免"轻率概括"或"以偏概全"[①]。

"没有教不好的学生，只有不会教的老师"这个教育口号，恰恰犯了运用简单枚举归纳推理的典型错误，即轻率概括、以偏概全的错误。轻率概括、以偏概全的推理错误表现为：缺乏全面周密的调查，仅仅根据无矛盾的经验性的认识，就推出一般性的结论，比如"天下乌鸦一般黑，天下天鹅一样白"等；或者思想方法主观片面，只凭"想当然"办事，不切实际地把个别现象当作普遍现象，或者把局部问题当作全局性的问题，如"守株待兔"；或者把事物的非本质属性当作本质属性，把事物的支流当作主流，抓住一点，不及其余，主观夸大，无线上纲等。[②]"没有教不好的学生"，隐含的逻辑判断就是"所有学生都可以被教好"。因为我们不可能对"所有学生可以被教好"进行"完全归纳"，因此，仅凭不充分的材料，就匆忙归纳出"没有教不好的学生"的结论是靠不住的。

"没有教不好的学生"之类的教育口号，不仅从逻辑上看是错误的，而且在教育实践中是有害的。因为如果老师相信这样的结论，一旦"教不好所有的学生"，就会产生焦虑。老师一焦虑，学生就倒霉。老师会想：别人我就能教好，偏偏就你教不好，我就不相信！于是老师就会采取一些"非常措施"，别人写5遍掌握的，你写20遍！其实有的学生写20遍也还是不会。就像潘长江，你想通过教育让他变成姚明那样的篮球明星可以吗？潘长江成为演小品的明星不也很好吗？所以，学生有差异，不同的人有不同的好，有的学生考100分是好，有的学生考50分就是好。要允许老师教不好有的学生。与其鼓吹"老师能较好所有的学生"，不如提倡学

---

① 运用简单枚举归纳推理时应注意的问题[EB/OL].https://wenda.so.com/q/1377264500063632?src=140.

② 梁遂.逻辑病例汇析[M].开封：河南大学出版社，1987：60-61.

生"不比基础比进步,进步就是 100 分";不如鼓励教师,相信通过我们的教学,学生在已有基础上都能有所进步。

  因为我们缺乏逻辑学知识,教育学常常出现一些常识性的错误,而我们竟然不知道这是错误。因此,了解轻率概括、以偏概全的逻辑错误、原因、表现,采取积极有效措施纠正这样的逻辑错误,对正确理解和运用教育学理论无疑具有重要的理论和现实意义。

"龟兔赛跑"的多元智能解读

《龟兔赛跑》是一则寓言故事,更是一则励志的童话故事。主要讲述的是兔子和乌龟赛跑,兔子嘲笑乌龟的步子爬的慢,乌龟坚定地说总有一天它会赢。兔子说,那我们现在就开始比赛。于是乌龟拼命地爬。而兔子认为赢过乌龟太轻松了,决定先打个盹,再追上乌龟。乌龟一刻不停地努力向前爬,当兔子醒来的时候,乌龟已经到达了终点。这个故事每个人都耳熟能详,故事告诉我们的是要学习乌龟谦虚、坚持不懈的精神。其实,从不同的角度解读这个故事,可以得出不同的结论。如果从理财的角度解读,故事告诉我们的是理财需要坚持不懈,倦怠容易前功尽弃;如果从职场生涯的角度解读,故事告诉我们的是职场需要的是耐性和韧性,因此要避免职场生涯中"三分钟热度"的做法;如果从励志的角度解读,故事告诉我们的是别骄傲自满,否则即使是善跑的兔子也会输给爬行的乌龟;没有天赋也没关系,只要坚持,弱者也会战胜强者……

如果从多元智能的角度解读,故事告诉我们的是首先应该找出自己的"智能强项",然后扬长避短,展现自己的核心竞争力。

多元智能理论认为,智能是"在特定的文化背景下或社会中,解决问题或制造产品的能力",就是能够针对某一特定的目标,找到通向这一目标的正确路线。因此多元智能理论对于人类智力的判断,依赖的不是考试成绩,而是解决实际问题的能力,是创新能力,特别强调该能力在不同文化背景下受重视的程度。

多元智能理论还认为,智能不是单一的,而是多元的,与生俱来都拥有七种以上既各自独立存在又相互联系的智能，即语言智能，指的是掌握并运用语言、文字的能力；逻辑－数学智能，指的是逻辑推理、数学运算以及科学分析方面的能力；音乐智能，指感觉、欣赏、演奏、歌唱、创作音乐的能力；身体－动觉智能，指运用全身或身体的某一部分，包括嘴和手，解决问题或创造产品的能力；空间智能，指针对所观察的事物，在脑海中形成一个模型或图像从而加以运用的能力；人际智能，指了解他人，与人合作的能力；自我认知智能，指深入并理解自己内心世界并用以指导自己行为的能力。1997年之后，又提出了自然智能和存在智能。一个人的智能轮廓和特点固然与遗传因素有关，但后天的人生经历、文化背景和社会环境，对智能的发展也有重要作用。[①] 而且，每个人与生俱来都有自己的智能强项和弱项。不同的人在解决问题和创造产品的时候，多种智能组合并运用这些智能的方式和特点不同，因此呈现出多彩的智能面貌。

在《龟兔赛跑》这个故事中，乌龟和兔子比赛谁跑得快是一个不明智的选择，是一个以己所短比人所长的做法，兔子赢得比赛是因为兔子骄傲、睡着了。试想，如果兔子不骄傲，乌龟赢得比赛的可能性有多少？所以，龟兔赛跑中乌龟赢得比赛很大程度上是一个小概率事件。

从多元智能的角度解读，乌龟要想和兔子较量，应当弄清楚自己的"智能强项"是耐力好，会游泳，不去跟兔子比赛跑，而是扬长避短，发挥自己耐力好、会游泳的特长，与兔子比耐力、比游泳，而不是比速度。

其实，我们古人早就指出，"尺有所短寸有所长"，清朝诗人顾嗣协在《杂兴》中写道："骏马能历险，力田不如牛。坚车能载重，渡河不如舟。舍长以就短，智者难为谋。生才贵适用，慎勿多苛求。"民间也有"不怕千招会，就怕一招绝；一招鲜，吃遍天"的说法。这些都启示我们，高考考上名校的同学有他们的智能强项，比如他们有很强的课堂学习智慧；但没有考上名校的同学也大可不必妄自菲薄，我们也有自己的智能强项，比如不怕吃苦，意志坚强。多元智能告诉我们，考不上名校不可怕，

---

① 沈致隆.多元智能理论的产生、发展和前景初探[J].江苏教育研究2009,（3C）：18-20.

有短处不可怕，可怕的是不能扬长避短，最大限度地发挥自己的"智能强项"。"适合自己的才是最好"，如果舍长就短，即使智者也会无能为力。只有清楚地看到自己的强项和弱项、优势和劣势、长处和短处，才有可能找准适合自己的人生目标，最大限度发挥出自己的潜能，做出一番事业。

开设"游戏学"是预防青少年游戏成瘾的重要措施

"很多年轻人很关注游戏,但却不理解游戏到底是什么。"华中科技大学首门与游戏学有关的通识教育课程"游戏学导论"教师熊硕曾在接受澎湃新闻专访时表示,一些青少年沉迷游戏而荒废学业甚至引发悲剧的事件,让很多家长对游戏存有误解,认为玩游戏就是不学无术,会误人子弟。而成瘾引发的悲剧有多种因素,需要从家庭、社会、学校等多方面考虑,不应该让游戏"背锅"。

青少年为什么会游戏成瘾?华中科技大学首位游戏学教师熊硕博士认为,有家庭、社会、学校等多方面的原因。但主要是"很多年轻人很关注游戏,但却不理解游戏到底是什么"。

笔者随机询问了十三个正在玩游戏的青少年学生,没有一个能够正确说出"什么是游戏",他们认为"游戏就是网络上的吃鸡、王者荣耀等"。在被问及"为什么玩游戏(游戏目的)"时,回答是"好玩""消磨时间"。由此可以看出,"游戏学"通识教育课程不仅大学需要开设,而且应当从中小学开始开设。

北京师范大学开课教师刘梦霏说,国外开展游戏学研究已有20多年的历史,华中科技大学首位游戏学教师熊硕就是在日本学习和研究游戏学相关课程并获得了博士学位。但直到现在,国内学术界还有相当多的人在"妖魔化"游戏。熊硕也表示,一些青少年沉迷游戏而荒废学业甚至引发悲剧的事件,让很多家长对游戏存有误解,认为玩游戏就是不学无术,会误人子弟，导致了游戏"污名化"。笔者认为，"一些青少年沉迷游戏而荒废学业甚至引发悲剧，恰恰是家长和孩子不懂游戏的常识，更不懂游戏理论的结果。"无知者无畏"，正是缺乏"游戏学"方面的知识，造成一些家长什么样的游戏都敢给孩子玩，青少年什么样的游戏都敢玩，直至玩物丧志，沉迷游戏，荒废学业。因此，笔者认为开设"游戏学"课程，普及游戏常识是预防青少年游戏成瘾的重要措施。当前开展这项工作需要做到三个"明白"。

首先，明白游戏的内涵。用好游戏必须明白"什么是游戏"，但事实上很多人并不明白。360百科对"游戏"的解释是：游戏是一种基于物质需求满足之上的，在一种特定时间、空间范围内遵循某种特定规则的，追求精神需求满足的社会行为方式。根据不同的分类标准，可以把游戏分为很多种类，如智力游戏、活动性游戏、轻游戏、教育游戏、严肃游戏等。熊硕博士认为，只要满足规则、博弈和不确定性三个要素，就可以被定义为游戏，游戏并不仅仅指电子游戏。

其次，明白游戏的教育作用。孔子非常强调游戏在教育中的重要性，他认为"知之者不如好之者，好之者不如乐之者"，学习的最高境界应该是达到"乐"的境界。苏格拉底、柏拉图、亚里士多德也认为，教育应该既强调儿童游戏和活动，又注重教师指导和监督的形式，从而让儿童的身心在教育中得到自然和谐的发展。认知主义心理学家布鲁纳提出，游戏是一个充满快乐的问题解决过程，因此对于儿童的问题解决能力具有积极的促进作用。[①] 而有的家长根本没有意识到游戏的上述作用，他们让孩子玩游戏是"自己正忙工作，为了不让孩子烦自己"，"自己在外打工，为了不让孩子受委屈"，孩子则是"为了打发时间""为了排遣孤独"而玩游戏。

笔者更认同熊硕的观点，即游戏具有强大的文化输出功能，这一功能提醒我们，对国外游戏一方面要"和而不同"，另一方面要保持高度的警

---

① 尚俊杰，裴蕾丝.塑学习方式：游戏的核心教育价值及应用前景[J].中国电化教育，2015，(05)：42

惕，同时要让青少年树立"把中国历史传统文化用游戏的形式做出来，传递到全世界"的"游戏梦"。

再次，明白怎样设计游戏。游戏的教育价值毋庸置疑，但是中国的游戏教育发展还相对滞后，尚俊杰教授指出，很多开发出来的教育游戏要么是一个很好玩但是没有太多教育特性的游戏，要么是一个具有教育特性但是不好玩的学习软件，很少能有教育和游戏结合得非常好的优秀的教育游戏，这说明在教育游戏设计上存在突出的问题。要把游戏应用于教育中，寓教于乐，特别是"利用游戏作为传播媒介进行文化软输出，让中国的历史和传统文化通过游戏这一媒介走向全世界"，我们今后还有很长的路要走。

近视是疾病　关键在防控

据报道，教育部、国家卫生健康委员会共同起草的综合防控儿童青少年近视实施方案已结束向社会公开征求意见。据了解，方案近期将正式印发实施。征求意见稿规定，将儿童青少年近视防控工作、总体近视率和体质健康状况纳入政府绩效考核指标，严禁地方各级人民政府单纯以学生考试成绩和学校升学率考核教育行政部门和学校。将视力健康纳入素质教育，将儿童青少年身心健康、课业负担等纳入国家义务教育质量监测评估体系，对儿童青少年体质健康水平连续3年下降的地方政府和学校依法依规予以问责。（我国为防治青少年近视立下"军令状"：纳入政府绩效考核指标，2018-08-30，蒲公英话题）

早在2005年6月1日我国《第一届中国青少年近视防治论坛》上，就有专家指出"近视眼是目前危害我国学生健康的最突出问题"，可见，近视是一种眼科疾病。根据我国对青少年体质的监测发现，直至目前，这种疾病发病率居高不下，且发病年龄呈低龄化趋势，已经成为严重的公共卫生问题。社会各界有志之士看在眼里，急在心上，于是"病急乱投医"，以至于出现了所谓的护眼"神器"。但事实证明，护眼"神器"保护不了孩子的视力。沈阳市维康医院眼科专家李晓红认为，目前近视发生和发展机制并未完全清楚，针对近视的治疗尚无特效方法。第三军医大学第三附属医院眼科专家杨燕认为，虽然病理性近视眼（包括先天性和某些后天性）不能预防，但是后天原发性近视眼（单纯性近视眼）是可预测和可预防的。

近视是疾病,关键在防控。首先,近视的防控需要进行顶层设计。教育部、国家卫生健康委员会共同起草的《综合防控儿童青少年近视实施方案》(下称《方案》),不日将正式印发实施。《方案》将儿童青少年近视防控工作、总体近视率和体质健康状况纳入政府绩效考核指标,严禁地方各级人民政府单纯以学生考试成绩和学校升学率考核教育行政部门和学校。将视力健康纳入素质教育,将儿童青少年身心健康、课业负担等纳入国家义务教育质量监测评估体系,对儿童青少年体质健康水平连续3年下降的地方政府和学校依法依规予以问责。我们认为这是从顶层设计的防控儿童青少年近视的"及时雨",对遏制儿童青少年近视居高不下的现状必将起到积极作用,取得希望的实效。

其次,近视的防控需要加强用眼科学知识的宣传。现在社会上普遍存在一些误区,比如有人认为近视眼无非是看得近一些而已,既不影响吃,也不影响喝,没有认识到这是危害儿童青少年健康的一种突出疾病。所以,更需要加强用眼科学知识的宣传,让人们知道这样几个问题:第一,近视是一种疾病,对儿童青少年健康有很多危害。第二,病理性近视眼主要由遗传决定,不能预防,但是非病理性的单纯近视眼主要是用眼不科学、体育锻炼不足与营养失衡造成的,因而是可以防控的。第三,一旦患了近视眼,要到正规医院科学配镜。有的家长不希望孩子戴眼镜,这样就造成孩子看东西越来越吃力,反而加重近视程度。

再次,近视的防控需要群策群力,从娃娃抓起。儿童青少年近视的防控既需要政府顶层设计,又需要社会各界共同努力,为儿童青少年营造良好的成长环境;特别是学校要落实素质教育理念,大力加强学校体育与健康教育,家长要切实减轻孩子学习负担。要从娃娃抓起,抓早抓小。众所周知,德国青少年的近视率较低,主要是德国青少年眼睛保护协会在教育部门成立了专门防治青少年近视眼的机构,定期检查学生视力,建立青少年视力档案,发现视力降低者,及时进行检查矫正。我们也可以借鉴国际上这些好的经验,对儿童青少年近视采取积极防控措施,做到早发现、早干预、早治疗,最大限度减少近视对儿童青少年健康的危害,提高他们的健康水平。

使用手机学习要把握好"度"

手机正在越来越多地介入学生的学习生活，老师布置作业，用手机；同学间讨论交流，用手机；查阅资料，用手机；甚至遇到不会做的难题，第一反应还是找手机。与此同时，家长却在为孩子过度使用手机而发愁，而孩子则振振有词："不用手机，我怎么学习？"①

对学生"不用手机，我怎么学习"的诘问，老师为什么困扰？家长为什么焦虑？主要不是因为孩子用手机学习，而是孩子用手机学习超过了一定的"度"。

从哲学角度来说，"度"是事物的质与量的统一，任何事物都有一定的"度"。通俗来讲，就是任何事物都有一定的"分寸""范围"。德国哲学家黑格尔说："凡一切人世间事物如财富、荣誉、权利甚至快乐、痛苦等，皆有一定的尺度，超越这尺度就会招致沉沦和毁灭。"②儒家经典《中庸》中，谈到关于"度"的思想时，反对"过"与"不及"，提倡"执两用中"。因此，要把握好使用手机学习的"度"，适度使用手机进行学习。"适可而止""过犹不及""掌握分寸"等都是适度的最好体现。诚如夸美纽斯所说："只有受过恰当教育之后，人才能成为一个人。"③他还说，在教育中"有一条金科玉律：'一切不可过度'"④。那么，如何把握好学

---

① 离了手机，你还会学习吗[N].光明日报，2018-08-23
② 黑格尔.小逻辑[M].贺麟译.北京：商务印书馆，1980：235.
③ 夸美纽斯.大教学论[M].傅任敢译.北京：教育科学出版社，1999：24.
④ 夸美纽斯.大教学论[M].傅任敢译.北京：教育科学出版社，1999：165.

生使用手机学习的"度"呢？

　　首先社会要消除对手机的偏见。手机是新技术革命的产物，其诸多功能对学生的学习是有帮助的，比如用手机查阅资料，用手机讨论交流问题，用手机录下自己朗诵的音频后查找不足等。显然，一味排斥、"一刀切"地拒绝学生使用手机学习是不可取的。杭州市长河高中的杨春林老师借"机"行事的做法就很好："开学，我告诉学生，携带手机来校，确实带来了很多便利，特别便于和家长联系。既然如此，我们没有必要在带不带的问题上兜圈子，而是应该思考如何使用。在此基础上，我和学生通过讨论、分析，共同制定了班级的'手机公约'，并定时抽查落实情况。"

　　其次，学校要"禁""教"结合。一方面加强学生的手机管理，建立岗位责任制，把学生手机管理工作落实到课堂、寝室以及每个管理环节，特别要开展调研，发现学生使用手机学习的时间段和使用手机玩游戏的时间段，加强学生玩游戏时段的管理。另一方面，要落实教育部办公厅《关于做好预防中小学生沉迷网络教育引导工作的紧急通知》的要求，通过课堂教学、主题班会、板报广播、校园网站、案例教学、专家讲座、演讲比赛等多种形式开展专题教育，提高学生的信息技术素养，引导学生正确认识手机的作用，教会学生科学使用手机获取信息、探究问题，教会学生合理使用网络，抵御网络不良信息和不法行为的诱惑。

　　再次，社区要加强对学生家长的教育。现在很多家长根本没有信息素养和网络素养，面对孩子过度使用手机，要么束手无策，焦虑无奈；要么呵斥孩子"少上网""不要玩手机"，还有的家长给孩子手机后就不再过问孩子如何使用手机。所以，社区要通过走进每一个家庭开展家访、召开家长会、家长学校等多种方式，教给家长与孩子沟通交流的技巧，分享成功家长教孩子的经验，介绍国外家长给孩子使用手机立的家规。家长则不要只给一些"不要""不许""不准"的斥责，而要告诉孩子科学使用手机的方法。

　　总之，让手机不再是学生消解志趣的玩物，而是成为助力他们成长的伙伴，需要帮助学生把握好使用手机的"度"，既不能对学生使用手机放任自流，也不能因噎废食武断禁止。

这个奖项设得好

2018年10月10日,据《中国青年报》报道,一项新设立的"勤劳奖学金"在武汉生物工程学院"炸开了锅"。100名在热爱劳动、自强自立方面表现突出的学生获奖,每人获奖金500元。这项专门针对非贫困生设立的奖学金引发了人们的热议。

长期以来,由于学校劳动教育的缺失,大学非贫困生在劳动观念方面存在严重错位现象,有的学生看不到劳动对自己健康成长的价值因而躲避劳动,有的学生认为劳动会影响学习而排斥劳动,有的学生认为劳动又脏又累丢面子而拒绝劳动……还有的学生从小娇生惯养,凡是可以找人代劳的,自己就"懒得动手",不珍惜别人的劳动成果,更遑论形成劳动习惯、劳动情感。武汉生物工程学院设立的"勤劳奖学金"恰如"及时雨",滋润着长期以来大学生劳动教育缺失的德育课程体系。

"勤劳奖学金"设立有助于学生树立正确的劳动观。在劳动服务过程中,学生充分感受到劳动的价值,使学生认识到,"唯有靠自己的双手创建的天空才是蔚蓝的",培养了大学生服务学校、吃苦耐劳的劳动意识,正如有的学生所说,"至少可以唤醒一部分大学生,勤劳是一个人必须具备的最基本的品质。""最开心的不是评上奖学金,而是得到身边人的鼓励和认可,还收获了珍贵友谊,让我真正感受到了努力劳动的意义和价值。""两年多来的打扫,自己学会了坚持、仔细与责任,即便平时学习工作再忙,也不可以有任何懈怠的想法。"可见,"勤劳奖学金"的设立达到了以劳培育学生道德品质、提高技能的教育目的。

中国人民共和国成立后，我国党和政府一贯重视劳动教育。毛泽东指出"教育同生产劳动相结合""知识分子要劳动化"。邓小平说："劳动教育是培养理论与实际结合、学用一致，全面发展的新人的根本途径，是逐步消灭脑力劳动和体力劳动差别的重要措施。"当前，党中央更是高度重视劳动教育。2015年五一节前夕，习近平总书记在庆祝"五一"国际劳动节暨表彰全国劳动模范和先进工作者大会上的重要讲话中强调："要教育孩子们从小热爱劳动、热爱创造，通过劳动和创造播种希望、收获果实，也通过劳动和创造磨炼意志、提高自己。"2015年六一国际儿童节期间，习近平总书记在会见中国少先队第七次全国代表大会全体代表时，对广大少年儿童提出了"争当勤奋学习、自觉劳动、勇于创造的小标兵"的殷切希望。认识新常态、适应新常态、引领新常态，是当前和今后一个时期经济发展的主旋律，也是教育工作的大逻辑。2015年7月20日发布的《教育部共青团中央全国少工委关于加强中小学劳动教育的意见》，从"教育的主要目标""劳动教育的基本原则""劳动教育实施的关键环节"以及"劳动教育的保障机制"四个方面，就加强新时期中小学劳动教育提出了具体意见，为新时期对劳动教育的实施提供了指南。

在2020年9月10日的全国教育大会上，习近平总书记又一次指出，"要在学生中弘扬劳动精神，教育引导学生崇尚劳动、尊重劳动，懂得劳动最光荣、劳动最崇高、劳动最伟大、劳动最美丽的道理，长大后能够辛勤劳动、诚实劳动、创造性劳动。"这对劳动教育提出了新的更高要求。

"勤劳奖学金"的设立，就是落实全国教育大会精神的重要举措。而且取得了很好的实效，"多名获奖学生表示，在认真对待勤工助学工作过程中，提高了自身实践能力，磨练了耐心与毅力，收获了成长；将继续坚持，让勤劳成为生活时尚。"这种引导大学生确立"热爱劳动、崇尚劳动，劳动美丽、劳动光荣"的劳动价值观，是立德树人融入教育全过程的探索，是德育工作的创新，值得点赞。

后 记

在长期深入中小学开展教育教学研究中,我们发现一线教师普遍存在职业倦怠现象。如何克服职业倦怠,是中小学教师和领导非常关心的问题。教育学家、心理学家、社会学家从营造尊师重教氛围、健全教师支持系统、关注教师自我实现需要、建立良好人际关系等不同角度提出建议,为中小学克服教师职业倦怠提供了有效的指导。其中,教育家苏霍姆林斯基的建议最为中小学管理者所认同,即:"如果你想让教师的劳动能够给教师带来乐趣,使天天上课不至于变成一种单调乏味的义务,那你就应当引导每一位教师走上从事研究的这条幸福的道路上来。"中小学管理者在学校管理实践中也越来越认识到,科研不仅可以兴校、可以强校,而且可以帮助教师克服职业倦怠。正是因为教育科研的强大功能,使学校和教师对教育研究充满渴望。

如此,一线教师理应积极投身于教育教学研究中来,教育教学研究理应成为学校"美丽的风景线"。然而,现实并非如此,学校和教师往往认为教育研究是"鸡肋",并且教师对教育研究普遍有一种畏惧感、神秘感。为什么会这样?主要因为相关部门按照专业研究的科学范式,要求中小学教师以发现普适性的教育规律为圭臬,让一线教师对教育研究"望洋兴叹",觉得教育研究高不可攀。按照专业研究的科学范式要求教师搞研究带来如下的结果:描述实践的鲜活话语越来越少,灵动的实践叙述被工整的结构性"理论阐述"所取代,或变得抽象、晦涩,或仅仅是一些没有个性特色一般化了的演绎。一线教师感到的是"失语症"的痛苦,对教育研究敬而远之(郑慧琦、胡兴宏,2005)。他们认为"教育研究太深奥""教育研究程式太复杂、太烦琐,太耗费时间""如果不是晋职称需要,我才不做什么教育研究""教育研究解决不了教育问题"。所以,按照所谓的"科学范式"要求教师搞教育研究，不仅不能够让教师爱上研究，反而会让教师"逃离"教育研究。

那么，教育研究该向何处去？顾泠沅先生主张"教师的研究应指向自己的工作实践——他们所熟悉和钟爱的学校、课堂和学生"。教育研究指向教师的工作实践，指向他们所熟悉和钟爱的学校、课堂和学生，是教育研究的"初心"，是促进教师专业发展、提高教育教学质量的"实招"。因此，教育研究应当牢记这个"初心"，不能为科研而科研，不能把教师写了多少文章、做了多少课题作为研究的目的。同时，为了帮助教师消除对教育研究的恐惧感、神秘感，本书"原生态"地记录教育研究过程和结果，让一线教师清楚地看到，教育研究的目的既可以是发现教育规律，构建教育理论体系，也可以是改进自己的教学，解决自己的问题，促进自己的发展，这样教师才有兴趣参与教育研究。而教师参与教育教学研究，是教育教学研究初心的回归。

华东师范大学教授叶澜说："教育学不仅是'生命'的学问，或'实践'的学问，而是以'生命实践'为'家园'与'基石'的学问。做教育学的学问，不能只是坐而论道，而要起而行道。'论'是为了更好地'行'。"（王珺，教育学教授叶澜：让生命唱歌，中国教育报，2015年6月22日）俄国文学家克雷洛夫说："现实是此岸，理想是彼岸，而行动是架在理想和现实之间的桥梁。"行动研究告诉一线教师：做教育教学研究，最关键的是行动。"研究遵循的是'做'的逻辑"（张涛，2020），我们坚信：心动不如行动，只要行动，就有收获。

最后，特别需要说明的是，本书之所以能够出版，离不开我校科研处徐艳伟副处长的不断鼓励和全力支持，徐处长对本书的写作思路提供了具体的建议。同时，教科院耿玉芳老师在百忙中对初稿进行了逐字逐句的认真校对和修改。在此，向徐处长和耿老师表示真挚的感谢！在写作过程中，参考了多家研究成果，在此一并表示深深的谢意！

作者
2021年7月